초등 감정 수업

아이의 자존감부터 엄마의 불안감까지

초등 감정 수업

조우관 지음

저자의 말

왜 학교에는
감정 수업이 없을까

    감정 수업을 진행하다 보면 공통적으로 듣는 이야기가 있다. 지금까지 단 한 번도 감정에 대해 배워 본 적이 없다는 이야기다. 늘 감정을 공부하는 것이 일상인 내게는 그런 말들이 다소 생경하기도 하고, 충격적이기도 했다. 그래, 생각해 보니 나도 심리학을 전공하기 전까지는 감정에 대해 전혀 배운 적도, 고민한 적도 없었다. 그냥 마음이 힘들다고만 생각했지 나의 감정 때문에 그렇다는 것은 몰랐으니, 당연히 감정에 대해 알아야 한다는 생각조차도 못했었다.

    우리가 받는 스트레스의 근원은 '감정의 불편함' 때문이다. 그런데도 감정에 대해서는 들여다보지 않고, 어떤 사람에 대해서, 어떤 상황에 대해서만 생각한다. 사람만 피하면, 상황만 벗어나면 모든 것이 나아질 거라 생각하지만, 그것은 근본적인 해결책이 될 수 없다.

상처를 있는 대로 받고 감정은 그대로 방치한 채, 감정을 어떻게 해결하고 분출해야 하는지 모르는 상태가 오래 지속되면 이미 치유할 시기를 놓쳤을 수도 있다. 이것이 어릴 때부터 감정에 대해 배워야 하는 이유이다. 마음의 병을 앓지 않기 위해 미리 예방 접종을 해야 하는 것이다.

학교에는 감정 수업이 없다. 인간이 살아가는 데 가장 중요한 과제이면서 꼭 해야 하는 공부인데도 학교에서는 아무도 감정에 대해 가르쳐 주지 않는다. 감정은 우리 삶의 전반에 영향을 미치고, 우리의 성공과 성장에도 결정적인 역할을 한다. 무엇보다 삶의 질을 결정한다.

감정 수업은 먼 훗날 어떤 사람이 되느냐에 커다란 역할을 한다. 자신의 감정을 잘 알아차리는 것은 사람을 더 영리하게도 만든다. 우선은 누군가가 그러한 방법을 아이들에게 세세하게 가르쳐 주어야 한다. 학교에서는 교사 한 사람이 많은 아이들을 상대로 이를 세심하게 가르칠 수 없으니, 각 가정에서 부모가 가르쳐야 하는 것이다.

초등학생이 되면, 경쟁적인 분위기와 복잡한 환경 속에서 아이들은 감정에 더 취약해질 수밖에 없다. 우리 아이들에게 안정된 정서를 선물로 주기 위해서는 감정을 표현하게 하고 공감해 주는 과정이 중요하다. 아이들이 긍정적인 정서를 경험하게 하는 것은 그야말로 부모가 줄 수 있는 가장 귀한 선물이다. 학교 공부 이전에 감정 공부를 하면 아이들의 좋은 성적은 덤이 될 수 있고, 아이들의 행복은 주가 될 수 있을것이다.

이 책에는 감정에 대한 정보와 감정을 어떻게 처리할 수 있을지에 대한 방법 및 실천 과제 등을 담았다. 감정이 주는 메시지에 주의를 기울이고, 감정 자체가 우리가 겪는 문제의 해결책이 될 수 있다는 것을 알게 되기를 빈다. 감정을 공부하는 시간은 부모와 아이가 서로를 더 이해하고 사랑하는 좋은 시간이 될 것이다.

조우관

프롤로그

마음이 강한 아이로 길러라

유치원을 지나 초등학생이 된 아이는 본격적으로 사회생활을 시작합니다. 유치원을 다닐 때까지만 해도 아이의 잘못은 실수로 인정되고 덮어 주는 분위기였는데, 초등학교에 들어가면 학교 및 학급의 규칙을 잘 따라야 합니다. 이제는 아이라고 잘못을 마냥 덮어 주지 않고, 자신의 행동에 책임을 져야 하는 것이죠.

교실을 막 돌아다녀도 꾸지람을 듣지 않았던 유치원 때와는 달리, 이제 수업 시간에 돌아다니는 것은 있을 수 없는 일이 되었습니다. 유치원에 가기 싫으면 떼쓰고 안 가도 되었는데, 초등학교에 들어가면서 그런 것도 통하지 않게 되었지요. 갑자기 자신을 억제하고 억압하는 환경이 아이에게 주어졌습니다.

이것만으로도 부모가 왜 초등학생이 된 아이의 감정에 집중해야 하는지, 충분한 이유가 됩니다. 이제 가족 이외의 사람들과 더 폭넓은 관계를 맺게 되었고, 사회인으로서 적응해야만 합니다. 갈등을 겪을 일도 잦아졌고, 자신을 참아 내야 할 사건과 상황들도 그만큼 많아졌습니다. 그 속에서 아이는 감정에 상처를 받게 됩니다.

문제는 학교에서는 감정에 대해 제대로 배우지 못한다는 점입니다. 선생님이 그 많은 아이들의 감정을 혼자서 일일이 챙겨 주기도 힘들지만, 아이들이 자신의 마음을 터놓고 이야기하기에 선생님은 다소 어려운 존재이기도 하지요.

정신 분석학자이면서 발달 심리학자인 에릭 에릭슨(Erik Erikson)은 초등학교 시기를 '근면성 대 열등감'의 단계로 분류하였습니다. 이 시기에 이루어야 할 주요 발달 과업이 근면성인 것입니다. 에릭슨은 이 시기는 칭찬을 통해서 아이가 근면과 자신감 등을 갖게 되는 시기라고 하였습니다. 이 시기에는 실패나 어려움보다는 성공 가능한 목표를 세워 성취감을 느낄 수 있도록 해야 하며, 조롱이나 비난보다는 꾸준하게 칭찬하는 배려가 필요하다고 합니다.

초등학교 시기의 아이들은 다른 아이들과 자신을 비교하면서 문화적 도구를 다루는 법을 배웁니다. 반 친구들과 함께 활동하며 놀기 시작하는 것은 사회성을 기르는 과정이고요. 이때 자신의 능력을 키워서 좋은 성과를 달성하는 방법을 알지 못하거나, 협력하는 능력을 발전시키지 못한다면 다른 사람에 대한 열등감에 빠지게 됩니다.

감정을 잘 배운 아이들은 사회적 감수성을 키울 수 있고 남들과 공존하고 협력하는 방법까지 습득할 수 있습니다. 그런데 감정에 대해 잘 모르거나 어떻게 처리하고 극복해야 하는지 배워 본 적 없는 아이는 열등감 상태가 고착될 수도 있는 것이지요. 이때 부모는 아이가 하는 일이 가치 있는 일이라는 것을 느끼게 도와주어야 합니다.

또한 '나는 누구인가'를 생각하게 되고 자아 개념이 형성되어 자신에 대해 긍정적이거나 부정적인 가치를 갖게 됩니다. 아이가 스스로 무언가를 할 수 있도록 지지해 주고, 부모와의 친밀감을 통해서 긍정적인 자아상을 형성할 수 있도록, 있는 그대로의 자기 자신을 수용하도록 도와주어야 합니다.

무엇보다 사춘기가 찾아오는 혼돈의 시기이기도 하지요. 예전에는 중학생이 되면 찾아오던 사춘기가 조금 더 빨라져 중2병이 되더니 이제는 초4병이라는 말이 생겼습니다. 전에 없이 반항하게 되고, 외부 자극에 민감하고 예민해집니다. 괜히 짜증을 내거나 기분이 오락가락할 수도 있습니다. 심지어 왜 짜증이 나는지도 모른 채 짜증을 냅니다. 그런데 이러한 사춘기의 행동은 어찌할 수 없는 주어진 특성은 아닙니다. 그전까지 모든 것이 부모에게 통제되어 감정이 억눌려 있다가 이 시기에 폭발하는 것일 뿐입니다.

문화 인류학자 마거릿 미드(Margaret Mead)는 원주민들의 전통이 고스란히 남아 있는 사모아 섬에 가게 됩니다. 그곳에서 아이들을 지켜본 바, 우리가 흔히 알고 있는 사춘기에 나타나는 특성들이 그들에게는 보이지 않더라는 것입니다. 마거릿 미드는 사춘기의 행동을 결정하는 것은 그 사람이 속해 있는 사회의 '문화'라는 것을 알게 됩니다. '사춘기' 하면 떠오르는 정서적인 방황이나 우울, 반항 등은 모두 사회 문화적 조건에 기인한다는 것이지요. 즉, 어떤 환경에서 자라는지에 따라 아이들은 달라질 수 있으며, 부모를 비롯해 가르치는 사람의 역할이 크다는 것을 알아냈습니다. 그렇다면 우리 아이들도 감정을 잘 받아 주고 인격적으로 대해 주면 사모아 섬 아이들처럼 될 수 있지 않을까요?

요즘 아이들은 무리한 조기 교육, 선행 학습 때문에 초등학생일 때 벌써 번아웃을 경험합니다. 아무리 공부를 잘해도 항상 누군가와 비교되어 열등감을 느끼는 아이들도 많고요.

아이들의 이른 번아웃과 열등감을 막기 위해서는 스트레스를 받거나 불편한 감정에 휩싸일 때 감정을 적절하게 표현하고 해석할 수 있어야 합니다. 자신이 지금 어떠한 감정을 느끼고 있는지 부모님이나 선생님에게 공유할 수 있어야 하고요. 그 과정에서 자신의 감정을 공감받고 수용되는 경험을 하는 것이 무엇보다 중요합니다.

감정을 이해받지 못하는 아이가 받게 되는 충격은 생각보다 아주 큽니다. 이해받지 못한 감정은 쌓이고 쌓여서 나중에 폭발하거나 아이를 병들게 하고 아이는 스트레스에 더 취약해지고 맙니다. 그것이 학습에도 그대로 이어지게 되고요.

초등학생 시절의 경험은 생각보다 훨씬 더 강하게 우리의 삶을 지배합니다. 그렇기 때문에 부모 역시 감정을 공부하고 이해해야 하는 것이지요. 엄마도 아이에게 자신의 감정을 이야기하고, 아이도 엄마에게 자신의 감정을 솔직히 이야기하는 시간을 자주 갖다 보면, 아이는 주어진 시간들을 잘 보내고 건강한 어른으로 자랄 수 있을 것입니다.

차례

저자의 말 왜 학교에는 감정 수업이 없을까 · 004
프롤로그 마음이 강한 아이로 길러라 · 007

· 1장 ·
"초등 아이의 마음속에서는
무슨 일이 일어날까"
초등 감정 수업 첫 걸음

아이 감정에 머물러 주기 · 019
긍정적인 아이보다 감정을 긍정하는 아이로 · 024
싫다는 말을 허용해야 하는 이유 · 029
이유를 묻지 마세요 · 033
아이가 모른다고 하면 진짜 모르는 거다 · 038
감정을 억압하면 생기는 일 · 042
친구 사귀는 속도는 아이마다 다르다 · 047
감정이 이성을 조종한다 · 051

· 2장 ·
"좋은 감정, 나쁜 감정, 이상한 감정"

감정에 대한 오해와 진실

기쁨에 열등감이 숨어 있을 때	· 059
슬픈데 웃고 있는 아이	· 063
분노는 감정의 찌꺼기다	· 068
자존감 이전에 자신감부터	· 073
아이의 불안은 어디서 왔을까	· 077
두려움과 혐오는 생존 본능이다	· 083
초등학생에게 수치심은 금물	· 088
죄책감을 책임감으로	· 094
아이가 질투로 힘들어할 때	· 099
용서와 화해 강요하지 않기	· 104
감정에 숨은 또 다른 감정	· 109

· 3장 ·
"감정에 휘둘리는 아이, 감정을 다스리는 아이"

마음이 강한 아이로 키우는 실전 감정 조절법

나 전달법 사용하기	· 117
언어로 감정 확인해 주기	· 122
미러링 해 주기	· 127
감정은 빼고 상황만 말해 보기	· 131
감정에 이름 붙여 주기	· 135
아이에게도 균등하게 발언권 주기	· 140
회피하지 않고 인정하기	· 144
경계 짓기	· 149
다가가는 대화하기	· 154

· 4장 ·
"아이의 자존감부터 엄마의 불안감까지"

엄마와 아이가 행복해지는 감정생활

엄마의 감정을 먼저 돌보기	· 161
아이의 기질 이해하기	· 166
닫힌 대화 말고 열린 대화로	· 171
친구와 사이좋게 지내라는 말 대신	· 175
체력은 행복으로 가는 지름길	· 179
서로의 정서 통장 채우기	· 184
가족 모두 함께 놀기	· 188
애착은 최고의 선물	· 193

에필로그 부모가 물려줘야 할 단 하나의 유산	· 199

· 1장 ·

"초등 아이의 마음속에서는 무슨 일이 일어날까"

초등 감정 수업 첫걸음

아이 감정에 머물러 주기

"울지 말고 얘기해!"

어느 날 아이가 무슨 억울한 일이 있었는지 울면서 들어와 엄마에게 하소연하려고 합니다. 하지만 엄마는 갑자기 아이가 우는 모습이 눈에 거슬립니다. 그 모습을 보자 평소에 잘 울고 소심한 아이의 모습들이 주마등처럼 떠오르면서 갑자기 답답함이 밀려오고야 말죠.

"너는 왜 맨날 그렇게 울어? 그냥 말로 하면 되잖아! 자꾸 그렇게 바보처럼 울 거야?"

화를 내기 시작하니 걷잡을 수 없이 더 화가 나기 시작합니다. 아이의 억울함은 어느새 안드로메다 어딘가로 가 버리고, 이제 아이의 우는 행동이 주제가 되어 버립니다. 아이는 자신의 감정을 엄마에게 채 말하기도 전에 혼이 나기 시작하고, 왜 혼이 나고 있는지 어리둥절한 상황이 펼쳐집니다. 울 정도로 힘든 자신의 마음을 말하고 엄마에게 공감과 위로를 받고자 했던 아이의 희망이 산산조각이 나 버린 것도 억울한데, 혼까지 나는 더 억울한 상황이 되고 말았어요.

우리가 가끔 아이의 감정에 공감하기 어려운 이유는 행동에 초점을 두기 때문입니다. "너 왜 그렇게 삐딱하게 앉아 있어? 똑바로 앉아!", "너 지금 그 태도가 뭐야? 엄마 말이 말 같지 않아?" 등등 겉으로 드러나는 행위만을 자꾸 바로잡으려고 하는 것이지요. 아이는 지금 동생과 싸워서 혹은 엄마에게 혼이 나서 감정이 상해 있는데, 보이지 않는 감정보다 보이는 행위를 지적하는 것은 너무나 쉬운 일이니까요.

아이는 '파블로프의 개'가 아니다

파블로프(Pavlov)의 개 실험 이야기를 아실 거예요. 이 실험은 '개에게 먹이를 줄 때마다 종을 쳤더니 나중엔 종만 쳐도 침을 흘리더라.'

라는 내용입니다. 이를 '행동주의 심리학'이라고 합니다. 눈으로 관찰 가능한 행동만을 심리학의 연구 대상으로 한정하고 이를 통해 인간의 마음을 알아보고자 하는 것이지요. 그런데 인간의 마음이 행동 하나만으로 추론할 수 있는 것이던가요? 동생과 싸우고 삐딱하게 의자에 앉아 있는 아이 모습에서도 허탈감, 무력감, 슬픔, 화남 등등, 즉 한 사건을 겪어도 복합적인 감정이 들기도 하고요. 심지어 우리는 내가 왜 그런 행동을 하고 있는지 모를 때도 자주 있잖아요.

그래서 "연구의 주제가 되는 대상(마음)과 그 대상의 존재를 알 수 있는 근거(행동)를 혼동하고 있다."라는 비판을 받기도 한 행동주의 심리학은 힘을 잃고, 현재는 긍정 심리학 등의 정서 기반 심리학이 주를 이루고 있습니다. 행동주의가 행동에 초점을 두어 상과 벌로 행동을 강화시키는 데 비해, 정서에 기반을 두는 심리학은 감정에 초점을 맞추고 긍정성과 관계성을 향상시키려는 것이지요.

한국의 전통적인 교육의 방식도 행동주의와 비슷했습니다. 그래서 체벌이 정당화된 적도 있었죠. 하지만 이렇게 상과 벌로써 동기를 부여하고 상을 박탈하는 것은 아이를 파블로프의 개와 같이 대하는 것과 다를 바가 없지요. 이제 우리는 그러한 방법이 아이를 인격적이고 대등하게 대하는 것이 아니라는 것을 인식하게 되었습니다. 그리고 외부의 압력과 외적인 동기는 장기적인 관점에서 봤을 때도 아이에게 전혀 도움이 되지 않고요.

감정을 먼저 살펴라

엄마가 아이의 행동을 고치려 드는 순간, 엄마와 아이 사이는 더 멀어집니다. 나쁜 행동을 했을 때는 행동을 수정해야 하고 감정을 읽어 주어야 할 때는 감정에만 초점을 두어야 하는데, 때로는 이를 반대로 하고 있기도 하죠. 친구와 몸싸움을 벌이고 들어온 아이에게 "폭력은 나쁜 거야. 두 번 다시 친구를 때리는 건 안 돼!"라고 가르치는 대신 "너는 때렸어, 안 때렸어? 그냥 일방적으로 맞고만 있었어?"라는 식으로 속상해하면서 말이죠. 즉, 싸우기까지의 사정을 듣고 친구를 때릴 정도의 격한 감정은 절대적으로 공감해 주지만, 잘못된 행동은 수정해야 한다는 뜻입니다.

"네가 친구를 때릴 정도로 마음이 많이 상했구나. 하지만 친구를 때리는 건 안 돼!"

이렇게 감정은 만져 주되, 그것을 잘 표현하는 방법을 가르쳐야 하는 것이지요.

아이의 감정은 보지 않고 눈에 거슬리는 행동만을 수정하려고 한다면, 아이의 감정은 영원히 비밀로 남게 되고 누구에게도 자신의 감정을 털어놓지 못하는 어른으로 성장하고 말 거예요. 반대로 잘못된 행동을 수정하지 않으면 계속해서 잘못된 행동으로 자신의 감정을 풀 거고요.

이제 아이가 울면서 집에 들어온다면 우는 행위를 지적하는 대신 감정을 어루만져 주세요. 속상한 일을 이야기할 기회를 주세요. 엄마에게 공감받기 시작하면 아이의 기분은 어느새 풀릴 거예요. 또 대화는 늘어나고, 관계도 깊어질 겁니다. 아이가 감정을 토로할 때를 아이가 성장하는 좋은 기회로 삼으세요. 그러면 아이는 엄마의 감정뿐만 아니라 친구들과 다른 사람들의 감정에 대해서도 궁금해하는 멋진 어른으로 자랄 것입니다.

◎ **Check Point!**

1. 아이가 자신의 마음을 이야기하려 할 때는 보이는 행위나 태도 말고, 오직 감정에만 집중해 주세요.
2. 그런 다음 나쁜 행동은 나쁜 행동이라고 말하고 행동을 수정해 주세요.

긍정적인 아이보다
감정을 긍정하는 아이로

....

누구나 내 아이가 긍정적인 아이로 자라기를 바랄 것입니다. 그런데 간혹 긍정적인 아이로 키워야 한다는 일념으로 부정적인 감정을 축소하고 은폐하려는 부모들이 있습니다. 이는 긍정적 감정, 부정적 감정이라는 표현에서 오는 오해에서 비롯된 것인데요. '긍정적'은 '옳은' 것으로, '부정적'은 '그릇된' 것으로 해석되기 때문에 부정적 감정은 억제해야 한다는 결론에 이르게 된 것이지요.

그래서 저는 '긍정적'을 대신해 '편한', '부정적'을 대신해 '불편한'으로 바꿔 부르기를 주장하고, 또 권장하고 있습니다. 부정적이라고 하면 나쁘니까 없애야 한다고 생각하기 쉽지만, 불편하다고 생각하면 그 정도는 감수할 수 있을 것 같은 생각이 들고 언젠가는 불편했던 것이 편해질 거라는 기대도 하게 되니까요.

크리스마스 캐롤의 배신

감정은 좋고 나쁜 것이 없습니다. 어떤 감정은 좋고, 어떤 감정은 나쁜 것으로 생각하는 순간, 특정한 감정들에 대해서는 자유로울 수 없게 되지요. 그런데 우리는 은연중에 아이에게 이러한 판단을 심어 주고 있어요.

"울면 안 돼, 울면 안 돼. 산타 할아버지는 우는 애들에게 선물을 안 주신대요. 산타 할아버지는 알고 계신대. 누가 착한 앤지 나쁜 앤지. 오늘 밤에 다녀가신대."

우리가 어렸을 때부터 따라 부르다가 이제는 아이들에게 불러 주는 캐롤입니다. 울면 산타 할아버지가 선물을 안 주신다는 가사는 너무 폭력적이지 않나요? 누가 착한 앤지 나쁜 앤지 다 알고 있다는 이어지는 가사는, 우는 행위가 나쁜 거라는 인과적인 메시지를 주고야 말았어요. 이제는 이 노래를 "울어도 돼, 울어도 돼. 산타 할아버지는 모든 애들에게 선물을 다 주신대요."로 바꿔 불러 주세요. 아니면 다른 좋은 크리스마스 캐롤을 불러 주는 것도 방법이고요.

감정 코칭형 부모가 돼라

아이가 자신의 불편한 감정을 말하려고 할 때 그걸 듣는 것이 힘들거나, 감정을 말하면서 아이가 더 힘들어질까 봐 얼른 화제를 다른 곳으로 돌려 버리는 부모들이 있을 겁니다. 심지어 감정을 놀리거나 농담거리로 삼기도 하죠. 이러한 부모를 '축소 전환형'이라고 합니다. 부모가 자꾸만 감정을 축소하고 다른 데로 관심을 환기하려고 하면, 아이는 슬픔이나 분노와 같은 불편한 감정은 믿을 만한 것이 아니라고 생각하게 됩니다. 그리고 감정을 제대로 느끼거나 이해하지도 못해서 감정을 감추고야 말지요.

또 어떤 부모들은 "너는 뭐 그런 거로 힘들어하고 그러니?", "사내자식이 강해야지, 어디서 울고 그래!" 이런 말들로 아이를 비난하거나 꾸짖기도 합니다. 이는 분명히 감정을 좋고 나쁜 것으로 가르치는 것이지요. 이러한 부모를 '억압형'이라고 합니다. 이때 아이는 부모가 정해 준 나쁜 감정을 느낄 때 스스로를 나쁜 아이라고 믿게 됩니다. 급기야는 마음이 힘들어도 아무에게도 도움을 청할 줄 모르게 되고요.

이 둘과는 반대로 "애들은 다 그러면서 크는 거야."라고 말하는 부모들도 있습니다. 무제한으로 모든 것을 허용하는 것이지요. 그래서 아이가 어떤 식으로 감정을 분출해도 제지하지 않는데, 이를 '방임형'이라고 합니다. 이런 식으로 아무도 규제하지 않으면 아이는 오히려 불안해합니다. 아이는 본능적으로 자신의 잘못된 행동을 알고 있습니다. 그런데 아무렇게나 감정을 분출하고 있는데도 그것이 잘못되었다고 말해 주지 않으면, 안전지대 안에 있다는 느낌을 받지 못하게 됩니다.

이 세 가지 유형 모두 안 좋은 유형인 것을 이미 다들 짐작하셨을 거예요. 우리가 지향해야 할 모습은 '감정 코칭형' 부모가 되는 것입니다. 아이가 어떤 감정을 보일 때 아이의 감정을 잘 들어 주고 문제 해결 방법을 함께 모색해 보는 거죠. 그리고 당연히 감정은 모두 허용해 주지만, 그 감정을 행동으로 옮길 때는 제한이 따른다는 것을 알려 주는 거고요.

이때 아이는 자신의 마음을 이해하게 되고, 내가 이상해서 그런 감정을 느끼는 게 아니라는 것을 알게 됩니다. 자신이 있는 그대로 사랑받고 있다고 느끼게 되고요. 울지 않는 착한 아이에게만 선물을 주는 산타는 너무 끔찍했으니까요.

부모가 생각하는 긍정적인 아이는 그저 부모의 신념일 수도 있습니다. 어떤 것이 긍정적인지에 대해서도 다시 한 번 생각해 봐야 하고요. 긍정적인 아이보다 자신의 감정을 긍정하는 아이가 될 수 있도록 이끌어 주세요. 아이는 자신의 존재 자체를 긍정하게 되고, 모든 존재를 긍정할 테니까요. 그게 바로 긍정적인 것이 아닐까요?

◎ **Check Point!**

1. 감정은 좋지도, 나쁘지도 않아요.
2. '긍정적', '부정적' 표현 대신 '편한', '불편한'으로 바꿔 불러 주세요.
3. 아이에게 감정의 안전지대가 되어 주세요. 행동 규칙을 정해 놓되, 모든 감정을 인정해 주는 것이 안전지대의 기본이랍니다.

싫다는 말을
허용해야 하는 이유

"엄마, 오늘은 수정이랑 놀기 싫고, 희영이랑 놀 거야."
"싫다고 말하면 못써! 친구들이랑은 다 같이 사이좋게 지내는 거야."

순간 아이는 당황합니다. 다 같이 사이좋게 지내면 좋지요. 하지만 엄마가 이렇게 말함으로써 대화 자체가 원천 봉쇄되고 말았습니다. 그리고 아이에게는 죄책감을 심어 주었고요. 무슨 크고 깊은 뜻으로 말한 게 아니라 그냥 희영이랑 놀고 싶다는 것을 그렇게 표현한 것뿐인데, 갑자기 엄마가 나를 나쁜 사람이라고 말하고 있으니까요.
  아이는 좋고, 싫고를 말할 때 때로는 이분법적으로 말합니다. 아빠, 엄마 모두를 사랑하지만, 엄마를 더 사랑한다는 것을 표현할 때 "엄마는 좋고, 아빠는 싫어."라고 표현할 수 있는 것이지요. 고학년이 되어서도 이렇게 표현하는 아이들이 있습니다. 그러면 "엄마가 좋구나." 하면 되는데 싫다는 말에 꽂혀서 "아빠는 왜 싫어? 아빠도 좋아해야지."라고 하거나 "싫다는 말을 그렇게 함부로 하면 안 돼, 그러면 아빠가 속상하잖아."라고 말합니다.

싫다는 말을 입에 달고 사는 아이

간혹 우리 아이가 너무 부정적인 건 아닌가, 내가 너무 부정적인 말을 많이 사용해서 아이가 보고 배웠나 고민하는 엄마들을 종종 봅니다. 때로는 싫다고 말하는 아이가 성가시기도 합니다. '엄마 말이라면 다 잘 듣던 그 아이는 대체 어디로 갔을까, 애가 머리가 좀 굵어지더니만 갑자기 싫다는 말을 저렇게 하고 있네.'라고 생각하기도 하고요. 그리고 남의 집 아이를 보며 자기 엄마 닮아 애가 저렇게 부정적인가 비난할 때도 있습니다. 이러한 사정으로 우리는 아이가 쓰는 '싫다'라는 말에 뜨악하게 됩니다.

그런데 아이가 싫다고 말하는 것은 정상적입니다. 아이가 부정적이어서도, 부모가 잘못 가르쳐서도 아니에요. 아이는 타고난 기술을 잘 펼쳐 나가고 있을 뿐입니다. 아이는 '자기주장 기술'을 타고납니다. 말을 하기 전에는 아이는 울음으로써 자기주장 기술을 펼칩니다. 때로는 부모의 사정은 전혀 배려하지 않고, 자신의 욕구와 요구를 집요하게 주장하기도 하지요. 왜 아이들에게는 이러한 자기주장 기술이 있는 걸까요? 바로 생존과 직결되기 때문입니다. 연약한 아기가 살아남기 위해서는 이 기술이 무척이나 필요한 것이지요.

아이가 성장하면 자기주장 기술 수단은 울음에서 언어로 바뀝니다. 이때 주된 무기가 '싫다'라는 말이 되는 거예요. 그러니 싫다는 말 역시 우리의 생존 본능에서 생긴다고 해도 과언이 아니지요.

그렇다면 "싫다는 말 하는 거 아니야, 싫다는 말 하면 못써."라는 말을 자주 듣고 자란 아이는 어떻게 될까요? 짐작하시겠지만, 어떤 순간에도 자기 자신을 지킬 수 없게 됩니다. 부모에게도 싫다는 말을 못 하던 아이가 친구에게, 선생님에게, 동료에게, 직장 상사에게 어떻게 싫다는 말을 할 수 있을까요? 어떤 부탁도 거절하지 못하고, 호구 되기 십상이지 않겠습니까?

싫다는 말에 담긴 욕구를 살펴라

때로는 싫다고 말하는 아이를 꺾어 놓고 싶은 마음이 들 때도 있을 거예요. 고집스럽기도 하고, 다루기 힘들다 느껴지니까요. 하지만 엄마에게 반항하려는 심보로 '싫어'를 연속 콤보로 말하는 것이 아니라면, 아이의 본능적 기술을 잘 지켜 주시기 바랍니다. 그 이면에 어떠한 욕구가 있는지, 어떠한 감정을 느끼고 있는지 알아봐 주세요.

싫다는 말 한마디 못 하고 정해진 대로만 가다가 내가 원한 건 이게 아니었다며 방황하는 대2병 환자들은 지금도 캠퍼스 언저리에서 서성이고 있으니까요. 거절을 하지 못해 친구의 대리 시험까지 보던 사람도 있었지요. 심지어 자기를 괴롭히는 친구에게도 말 한마디 못 하는 학교 폭력 피해자들도 많지 않습니까?

짜장면이 싫다고 하는 게 자기희생이 아닌, 자기주장이 되어야 하지 않을까요?

⊚ Check Point!

1. 싫다고 말하는 것은 부정적인 게 아니라, 타고난 자기주장 기술을 잘 펼치고 있는 거예요.
2. '싫다'는 단어에 집중하는 대신, 그 이면에 아이의 욕구와 감정을 알아봐 주세요.

이유를
묻지 마세요

"엄마, 나 학교 가기 싫어."
"오늘 학교에서 선생님 때문에 엄청 화가 났어."

아이가 어느 날 이렇게 이야기를 한다면, 그 순간 엄마는 무엇이 제일 궁금하고 어떤 질문부터 하게 될까요? 아마도 대부분의 엄마는 왜 학교에 가기 싫은지, 왜 선생님한테 화가 났는지, 혹시 학교에서 무슨 일이 있었는지가 제일 먼저 궁금하고 또 그렇게 질문을 할 것입니다.

어떤 사건과 상황을 판단하려 할 때, 과학적 실험에서 인과 관계를 도출하려고 하거나 지적 호기심을 채우려 할 때, 극단의 감정을 느껴서 내가 왜 이러한 감정의 상태에 놓였는지 분석해야 할 때는 '왜'라는 질문이 필요합니다. 이유를 알아야 결과를 도출할 수 있고, 이성적으로 생각해야 하는 과제들은 인과 관계를 밝혀야 하기 때문입니다. 이처럼 '왜'냐고 묻는 순간 감정의 뇌 대신 이성의 뇌가 작동하게 됩니다.

감정의 영역에 이유를 묻지 마라

그런데 '싫다, 화가 났다.'는 의견이 아니라 감정의 영역이잖아요. 이러한 감정을 보이는 아이에게 '왜'라고 묻게 되면 아이는 거부감, 화남 등의 감정에서 물러나 자기가 왜 그런 말을 하게 되었는지 이유를 생각해야 하지요. 감정의 뇌가 작동되어야 하는 상황에서 이성의 뇌가 작동되는 것입니다. 이는 곧 감정이 풀릴 기회를 잃는 것을 의미합니다.

무엇보다 '왜'에 대한 답변을 하려면 인지적 사고를 해야 하는데, 아직 전두엽이 완성되지 않은 아이에게는 인지적 사고의 처리와 논리적 답변을 해야 하는 것 자체가 벅찬 과업입니다. 어떻게 설명해야 할지 너무나 어려운 일이 되어 버리니까, 쉽게 답을 하지 못하게 되지요.

때로는 '왜'라는 질문에는 비난의 뜻이 담겨 있기도 합니다. "너는 그게 왜 화가 나?"라고 묻는다면, "너는 고작 그런 일로 화를 내는 거니?"라고 들릴 수도 있거든요. 비난의 어조를 담는다면 '왜'로 시작하는 말은 최악의 말이 되고 맙니다. 아이의 마음을 닫게 하고, 상한 마음을 강화하게 되는 것이지요.

그렇다면 아이가 감정을 표현할 때 엄마는 어떻게 반응하는 것이 좋을까요?

'무엇 때문에'로 시작하라

우선은 "학교에 가기 싫구나.", "네가 화가 났구나."라는 말로 아이의 감정이 현재 일어나고 있는 사건임을 아이와 함께 인지합니다. 지금 기분은 어떤지 물어보는 것도 좋은 방법입니다.

그러고 나서 '무엇 때문에'로 질문해 보세요. '왜'와 '무엇 때문에'는 비슷해 보이지만, '왜'는 자신에게로 문제를 가져가 답변해야 하지만, '무엇 때문에'는 상황이나 주변을 시작으로 답변을 할 수 있게 합니다. '무엇 때문에'보다 '왜'는 상당히 폐쇄적이고 닫힌 질문입니다. 이유밖에는 말할 수 없는 것이지요. 그에 반해 '무엇 때문에'는 상황 탐색의 질문임과 동시에 열린 질문입니다.

상황에 대한 탐색이 끝났다면 이를 확장하여 '어떻게, 어쩌다가, 언제부터' 등등의 질문을 통해 문제 상황에 대해 더 많은 정보를 알아보는 것이 좋습니다. 학교에 가기 싫은 것이 엄마와 떨어지기 싫어서인지, 괴롭히는 친구가 있어서인지, 선생님이 나를 안 좋게 대해서인지, 아니면 그냥 아무 이유 없이 귀찮아서인지 등등 추가적인 질문을 통해 아이에 대해 더 많은 것을 알아볼 수 있습니다.

그렇다고 취조하듯이 너무 질문만을 쏟아 내는 방식은 좋지 않습니다. 중요한 건 아이를 이해하고 공감하기 위함이지, 정보 자체가 아니라는 것을 다시 한 번 강조합니다.

요약하면 '왜'는 이유 하나만 알 수 있지만, '무엇 때문에'는 이유와 상황을 함께 탐색할 수 있습니다. '왜'는 감정에서 벗어나 이성적으로 사고하게 하지만, '무엇 때문에'는 좀 더 감정에 머무르게 할 수 있습니다. 또한 '왜'는 비난의 근거가 될 수 있지만, '무엇 때문에'는 관심이 될 수 있습니다. 물론 '무엇 때문에'를 비난의 어조로 한다면 '왜'와 다를 바가 없겠지만요.

아이에게는 '엄마가 나에게 관심이 있구나, 나에게 공감하고 있구나.'라는 느낌이 무엇보다 중요합니다. 이를 통해 엄마의 사랑을 확인하려고 하는 거니까요. 때로는 어떤 해결책을 주어야겠다는 부담감에서 벗어나 "오늘은 기분이 많이 안 좋아 보이네…." 정도로 관심을 보여 주셔도 충분합니다.

◎ **Check Point!**

1. '왜' 대신에 '무엇 때문에', '어떻게' 등의 질문으로 상황을 탐색해 주세요.
2. 아이는 공감을 통해 사랑을 확인하고 싶어 합니다. 아이가 말할 수 있게 마음을 닫는(폐쇄형) 질문 대신 마음을 여는(개방형) 질문으로 대화를 해 주세요.

아이가 모른다고 하면
진짜 모르는 거다

....

"아, 나도 잘 몰라."

"네 마음인데 네가 모르는 게 말이 돼?"

"아, 몰라. 다 짜증 나."

가끔 아이들은 자신의 감정을 잘 모릅니다. 그건 어른도 마찬가지 아니던가요?

사춘기가 오면 "짜증 나!"로 모든 감정을 통쳐서 표현하기도 합니다. 화가 나도 "짜증 나!", 귀찮아도 "짜증 나!", 무기력해도 "짜증 나!"라고 말하곤 합니다. 이렇게 되면, 엄마도 지치게 되고 결국에는 서로 대화의 단절을 선언하게 될 수밖에 없습니다. 그러니 사춘기가 오기 전에 서로 감정을 나누는 연습을 충분히 하여 아이의 긍정적 정서의 발판을 잘 마련해 주세요.

아이가 주로 모른다고 말할 때는 감정을 표현하는 단어를 알지 못해서 모른다고 하기도 하지만, 복합적인 감정이 들어서 모른다고 하기도 합니다. 좋기도 하면서도 싫고, 가고 싶으면서도 가기 싫고, 자기가 원했으면서도 부모가 원하는 대로 해 주면 서운하기도 하고…. 어른들도 누구 한 명을 보면서 좋기도 하고 밉기도 한 양가감정을 느끼는 것처럼 아이들 역시 마찬가지일 수밖에요.

변덕이 죽 끓듯 하는 아이

할머니 집에 다 같이 놀러 가서 집에 갈 시간이 되었는데, 막내가 집에 가지 않겠다고 갑자기 떼를 씁니다. 자기는 할머니 집에 있을 테니, 다른 사람들은 다 집에 가라고 말합니다. 엄마 아빠는 그렇게 고집 피우는 아이를 할머니 집에 놓고 언니들만 데리고 집으로 갔지요. 다음 날 아이는 화가 나서 부모와 눈도 마주치지 않고, 급기야 원망하는 말들을 쏟아 내면서 화를 냅니다. 분명 자기가 먼저 할머니 집에 있겠다고 했고, 가자고 해도 고집 피우며 가지 않겠다고 했으면서 말입니다.

아이는 할머니 집에 있고 싶기도 했지만, 엄마 아빠와 같이 있고 싶기도 했습니다. 그런데 막상 엄마 아빠가 자기만 두고 가 버리자 배신감이 들었고, 두려움을 느끼게 되었던 것이지요. 어쩌면 자기가 여기 있겠다고 하면 다른 가족들도 모두 자기와 같이 할머니 집에 있을 거라고 예상했을지도 모르지요.

복잡한 감정을 먼저 이해해 주기

"네가 있겠다고 했잖아! 이제 와서 무슨 딴소리야?"

이렇게 말하면서 상황을 전부 아이의 탓으로 돌리고 무마하려고 하면 아이는 더 서러워질 테고 분노하게 되겠지요. '엄마 아빠는 나를 버리고 갈 수도 있겠구나.'라고 믿어 버리면 어쩌지요?

"네가 할머니랑 있고 싶기는 했지만, 막상 엄마 아빠와 떨어지니 무서웠던 거구나?"

이렇게 아이의 복잡한 감정을 읽어 준다면 마음이 풀려 "나 너무 무서웠어." 하고 엄마를 안고 안심의 눈물을 흘리게 되지 않을까요? 그럴 때 엄마가 "그럴 수 있어, 엄마도 어렸을 때 그럴 때 있었어."라고 말해 준다면 아이는 엄마와 동질감을 느끼고, 엄마를 신뢰하게 되겠지요.

◎ **Check Point!**

1. 아이는 자신의 복합적인 감정을 알기도 힘들고 표현하기도 힘듭니다.
2. 여러 감정들을 읽어 주고, 괜찮다고 말해 주세요.

감정을 억압하면
생기는 일

....

어떤 엄마가 아이가 말을 듣지 않을 때마다 죽은 척을 했어요. 그리고 네가 말을 안 들어서 엄마가 지금 아픈 거라고도 말했죠. 그 순간에 아이의 마음은 어땠을까요? 나 때문에 엄마가 아프다는 죄책감, 엄마를 잃을지도 모른다는 공포를 느끼지 않았을까요?

엄마는 아이를 순종적인 아이로 만드는 데는 성공했을지 몰라도, 아이를 안정적이고 풍요로운 아이로 만드는 데는 실패하고 말았습니다. 아이는 이후에 어떠한 주장도 할 수 없었을 것이고, 무조건 엄마의 말을 따라야 했을 것입니다. 이것이 노예의 삶과 다를 바가 있을까요?

'울면 고추 떨어져, 여자애가 조신해야지, 너 자꾸 엄마 말 안 들으면 경찰 아저씨한테 잡아 가라고 한다.' 등등 우리 사회는 아이들의 감정을 억압하는 말들이 넘쳐 납니다. 엄마가 혼내면 되지, 경찰 아저씨는 도대체 왜 끌어들이나요. 경찰 아저씨한테 끌려가서 감옥에 갇힌다고 겁을 주는 것은 아이 입장에서 얼마나 큰 공포일까요? 공권력을 동원해서라도 아이를 말 잘 듣는 아이로 만들고 싶은 마음은 이해하지만, 아이의 마음에는 멍이 들게 됩니다.

왜냐하면 심리학에서는 이처럼 감정을 억압하는 것을 폭력으로 보기 때문이지요. 몸에 남는 상처는 연고라도 발라 줄 수 있지만, 마음에 남는 상처는 눈에 보이지도 않으니 폭력을 당한 당사자도, 폭력을 행한 사람도 아무도 그것이 폭력이었는지를 모릅니다. 그러니 감정 폭력은 육체적 폭력보다 훨씬 더 위험하고, 그래서 더 조심해야 하는 부분인 것이지요.

감정은 흘러야 한다

지그문트 프로이트(Sigmund Freud)는 "감정을 억압하면 그것이 사라지는 것이 아니라 더 큰 괴물이 되어 나에게 돌아온다."라고 말했습니다. 감정은 마치 물이 흐르듯 흘러가야 하는 것이고, 바람처럼 들어

왔다가 나갔다 해야 하는 것입니다. 그런데 흘러가야 할 물이 흘러가지 못하고, 순환해야 할 공기가 순환하지 못하면 어떻게 될까요? 물은 썩고, 공기는 미세 먼지처럼 탁해질 것입니다.

감정도 마찬가지입니다. 하나의 감정이 들어오기 위해서는 먼저 지난 감정을 밖으로 내보내야 하지요. 지금 느끼는 감정이 나가지 않고 계속 마음에 남아 있으면 그것이 나의 주된 정서가 되고 다른 감정은 느낄 수가 없게 됩니다. 만약 분노가 현재 나의 주된 정서이고 슬픔이 나의 주된 정서라면, 분노가 나가야 할 때 제대로 나가지 못했고 슬픔이 나가야 할 때 제대로 나가지 못해 그대로 쌓이고 말았다는 뜻입니다.

울어도 되고, 화내도 된다

아이들은 분노와 슬픔에 가장 취약합니다. 어린 시절에는 분노와 슬픔의 감정이 우리에게 가장 큰 영향을 미친다는 뜻이지요. 이 두 가지의 감정에 관심을 기울이고 아이들이 분노와 슬픔을 제때 표현할 수 있도록 해 주세요. 폭력적으로 세상을 바라본다거나, 우울감으로 자신을 들여다보지 않도록 말이에요.

우리나라 사람들은 특히 분노에 대해 부정적으로 인식하고, 슬픔을 보이면 나약하다고 낙인찍기도 합니다. 남자아이에게는 분노는 허용하지만 슬픔은 허용하지 않고, 여자아이에게는 슬픔은 허용하지만 분노는 허용하지 않는 경향도 강합니다. 남자아이는 남자아이답게, 여자아이는 여자아이답게 키워야 한다는 강박 때문이지요. 지금은 그런 고정관념에서 많이 벗어났지만, 그래도 이러한 생각들은 꽤 자주 유효하게 적용되곤 합니다.

무엇보다 아이들이 남성성과 여성성에 갇히지 않도록 해 주세요. 남자도 울어도 되고, 여자도 화내도 됩니다. 아이들에게 그래도 된다고 말해 주세요. 그렇게 되면 아이들의 감정은 피가 순환하듯이 잘 순환하게 될 테니까요.

고인 감정은 썩는다

인간이 스트레스를 받는 이유는 풀리지 않은 감정 때문입니다. 특정 상황 때문에, 사람 때문에, 사건 때문에 스트레스를 받는다고 생각하지만, 사실은 그 과정에서 생긴 감정의 불편함이 스트레스를 유발하는 것입니다. 그 상황에서 벗어났어도, 그 사람을 보지 않아도, 그 사건이 끝났어도 문득문득 감정이 올라오고 그때 생각만 하면 이불 킥을 하게 되는 이유이지요.

아이의 감정에 불편함이 남지 않도록, 그로 인해서 자꾸만 자다가 벌떡벌떡 일어나지 않도록 어떤 감정도 억압하지 않고 날려 버릴 기회를 주세요.

◎ **Check Point!**

1. 감정을 억압하면 억압된 감정들이 나를 공격합니다.
2. 감정을 무조건 참으라고 말하는 것은 감정 폭력입니다.
3. 아이들이 남성성, 여성성의 피해자가 되지 않게 해 주세요.

친구 사귀는 속도는
아이마다 다르다

"우리 아이가 사회성이 너무 떨어져서 걱정이에요."

이렇게 아이의 사회성이 부족해서 걱정하시는 분들을 자주 봅니다. 왜 걱정이 되지 않겠습니까? 아이가 잘 적응할 수 있을까 노심초사하는 마음으로 학교에 보내 놨더니만, 친구들과 쉽게 친해지지 못하는 모습을 보면 당연히 걱정이 밀려들지요. 두루두루 많은 친구들과 친하게 지내고, 많은 친구들에게 사랑을 받는 것이 엄마들의 소망인 것이 당연하지요.

그런데 아이들마다 친구와 관계를 맺는 속도가 다를 수밖에 없습니다. 사람을 관찰할 시간이 오래 필요한 아이가 있고, 행동부터 나가서 부딪치면서 알아보려는 아이도 있는 것이지요. 오래 관찰하는 아이는 소심해서가 아니라 조심하고 싶어서라고 생각하면 더 좋겠어요. 저마다 기질도 다 다르기 때문에 한 친구와 깊게 사귀는 아이가 있는가 하면, 여러 친구와 사귀는 아이도 있고요.

사교성과 사회성은 다르다

무엇보다 사교성과 사회성은 다른 의미로 쓰입니다. 위에서 말한 우리 아이가 사회성이 너무 떨어진다는 표현은 사회성이라기보다 사교성에 가까워요. '사교성'이 다른 사람들에게 개방적이고 쉽게 사귀는 성질을 말하는 것이라면, '사회성'은 관계를 지속하는 힘뿐만 아니라 사회의 규범과 규칙, 법에 적응하는 능력까지를 포함하는 것이거든요.

더 정확히 말하면 사회성은 사교성뿐 아니라 배려심, 책임감, 공감 능력, 측은지심 등이 포함된 개념이에요. 사교성이 높아도 사회성이 낮을 수 있고, 사교성이 떨어져도 사회성이 높을 수 있는 것이지요. 아무리 친근하게 남에게 잘 다가가는 아이도 배려심, 책임감, 공감 능력 등이 떨어진다면 관계를 지속하는 힘도 떨어질 수밖에 없어요. 비록 사교적이지는 못해도 책임감이 강하고 규칙과 규율을 잘 지킬 수도 있는 거고요.

다행히도 사교성은 얼마든지 훈련이 가능하답니다. 부모에게 감정적으로 공감을 많이 받아 정서적으로 안정된 아이는 비록 모두에게 친근하게 다가가지는 못하더라도 남의 감정을 공감하고 남의 입장을 이해하고 배려하게 될 거예요. 그렇다면 시간이 지나면 내 아이의 진가를 친구들도 알아볼 테고요. 금방 끝나는 관계보다 더 깊고 오래가는 관계를 분명 만들 수 있을 겁니다. 그러니 지금 당장 내 아이의 사교성이 떨어진다고 너무 걱정하지는 마세요.

자기 조절력이 관건이다

관계에서 사교성보다 더 중요한 것은 '자기 조절력'입니다. 자기 조절력은 사회성에서 빼놓을 수 없는 요소이지요. 자신의 감정을 적절하게 잘 관리하면 적응력이 생기고 원만한 인간관계를 형성할 수 있게 됩니다. 자기 조절력이 높은 아이들은 학습에서도 좋은 성과를 보이게 되지요. 이처럼 자기 조절력만 높여도 일석삼조의 효과를 볼 수 있습니다.

마트에서 아이가 바닥에 드러누워 떼쓰고 있어도, 공공장소에서 질서를 지키지 않고 아이가 막 뛰어다녀도 이를 제지하지 않는 부모들이 있습니다. 이는 장소에 따라 어떤 행동은 해도 되고, 어떤 행동은 하지 말아야 하는지 아이에게 가르치지 않는 것일 뿐만 아니라 자기의 욕구대로 모든 것을 하게 만들어 아무런 경계도 만들어 주지 않는 것이 된답니다.

아이들은 경계 안에서 자유롭게 키워야 합니다. 누차 이야기하지만 감정은 받아들이고 잘못된 행동은 수정해 주면서요. 그렇지 않으면 자기를 조절하는 데 실패하게 되고, 이는 친구를 사귀는 데도 문제가 될 수밖에 없습니다.

자신의 감정을 잘 공감받고 불편한 감정을 잘 표현하는 아이가 자기 조절력도 높다니, 이 책에서 이야기한 것들만 잘 실천한다면 더 이상 아이의 사교성은 걱정하지 않아도 좋겠지요.

◎ **Check Point!**

1. '사교성'과 '사회성'은 다릅니다.
2. 사회성을 키우고 싶다면 '자기 조절력'부터 키워 주세요.
3. 자기 조절력을 키우기 위해서는 행동의 한계를 설정해 주되, 감정을 잘 공감해 주고 표현할 수 있도록 해 주면 됩니다.

감정이 이성을 조종한다

"이거 평소에 다 잘 알던 문제잖아. 그런데 왜 이렇게 다 틀린 거야? 너는 평소에는 잘하다가 시험만 보면 왜 그러니?"

"모르겠어. 시험 치고 나서 보면 다 아는 문젠데, 왜 그렇게 다 틀렸지?"

주변에 혹은 우리 아이 중에 이런 아이가 있을 겁니다. 평소에는 공부도 참 잘하고 머리도 좋고 아는 것도 많은데, 시험만 봤다 하면 쉬운 문제도 죄다 틀려서 늘 의문인 아이 말이에요.

이 아이의 문제는 어디에 있을까요? 해답은 바로 '정서 지능'에서 찾을 수 있습니다. 지나치게 불안해하거나 심리적으로 위축되면 인지 기능이 마비가 됩니다. 시험에 대한 부담과 압박이 너무 심하면, 계산도 잘 안되고, 기억도 잘 안 나고, 제대로 생각도 할 수 없게 되는 것이지요. '실수하지 말아야 하는데, 이번에는 잘해야 되는데…' 하는 부담감이 크면 클수록 시험을 더 망치고, 다음엔 더 부담감이 커져서 또 시험을 망쳐 버리는 악순환을 겪는 겁니다.

안정된 심리 상태, 자신의 심리를 잘 조절할 수 있는지의 여부가 과제를 수행하는 결과를 이끌게 됩니다. 그러니 아이가 공부한 것에서 최상의 결과를 이끌어 내고 싶다면, 정서 지능에 주목해야 하는 것이지요.

감정이 이성을 조종한다

정서 지능은 1990년 미국 예일 대학교의 심리학 교수인 피터 샐로베이(Peter Salovey)와 뉴햄프셔 대학교의 존 메이어(John Mayer) 교수가 처음으로 정의하였습니다. 한마디로 '정서 지능'이란 정서가 주는 정보를 처리하는 능력, 생각하고 행동하는 데 이러한 정보를 이용할 줄 아는 능력입니다. 그 능력을 이용하여 자신의 에너지를 긍정적인 방향으로 흘려보낼 수 있는 것이지요.

1995년 심리학자 다니엘 골먼(Daniel Goleman)은 '정서 지능'을 좌절 상황에서도 개인을 동기화하고 희망을 버리지 않는 능력, 자신을 지키고 타인을 공감하는 능력이라 정의하고, 정서 지능에 끈기, 열정, 충동의 최소화와 같은 동기의 개념을 포함하였습니다. 흔히, IQ에 대비해서 EQ라고 표현하기도 하지요.

우리는 인지 지능이 더 중요하고, 정서 지능은 인지 지능에 끌려가는 거라고 생각하곤 합니다. 하지만 이는 큰 오해이지요. 오히려 정서 지능이 인지 지능을 이끌어 가는 기수와 같습니다. 다음의 사례가 이를 증명해 줍니다.

신경학자인 안토니오 다마시오(Antonio Damasio)는 엘리엇이라는 환자의 뇌종양 수술을 하게 되었어요. 그러면서 감정적 정보를 다루는 뇌의 상당 부분(복내측 전전두피질)을 제거해야만 했습니다. 수술 후에도 엘리엇은 높은 IQ를 유지했지만, 감정을 잃어버렸기 때문에 어떠한 결정도 내릴 수 없게 되었어요. 어떤 결정을 내려야 할 때 수많은 이성적인 대응책을 생각할 수 있었지만, 좋은지 나쁜지를 몰라서 아무것도 선택할 수 없게 된 것이지요. 그래서 다마시오는 이성적인 판단을 할 때 감정이 얼마나 중요한 역할을 하고 있으며, 감정이 사실은 우리의 이성을 조종하고 있다는 결론을 내리게 되었습니다.

이처럼 아이의 감정 상태가 아이의 공부에도 많은 영향을 미칩니다. 정서가 안정적인 아이의 전두엽은 그렇지 않은 아이의 전두엽보다 훨씬 더 큽니다. 아무리 머리가 좋게 태어났어도 가정이 화목하지 않고 항상 불안한 상태에서 아이가 지내야 한다면 전두엽은 점점 더 쪼그라들게 되고 제 역할을 다하지 못하게 됩니다.

정서 지능은 아이가 자신의 속마음과 본모습을 보여 줘도 괜찮다고 생각하는 사람만이 가르칠 수 있습니다. 바로 아이가 가장 믿을 수 있는 부모인 것이죠.

정서 지능이 중요한 시대

김연아 선수의 남다른 능력과 특징은 정서 지능에 기인한다고 합니다. 한 번의 점프 실패 이후 크게 흔들렸던 아사다 마오(Asada Mao) 선수와 비교해 김연아 선수는 흔들리지 않는 모습을 보여 주었지요. 이러한 정서 지능은 70% 이상이 후천적으로 발달한다고 하니, 부모의 역할이 그만큼 중요하다 하겠습니다.

아이에게 사이좋은 부모의 모습을 보여 주는 것, 애정을 가지고 아이의 말에 귀 기울여 주고 공감해 주는 것, 아빠도 적극적으로 육아와 아이의 학습에 참여하는 것, 아이가 자신의 감정을 말할 수 있는 환경을 만들어 주는 것, 아이와 관련된 열정이 아닌 엄마 자신과 일에 대한 엄마만의 고유한 열정을 보여 주는 것, 아이가 깊은 정을 느끼게 해 주는 것 등등 부모가 할 수 있는 일들이 정말 많지요.

앞으로 아이들이 어른이 되는 사회에서는 단순히 IQ가 높은 엘리트들이 아니라, EQ가 높은 엘리트들이 넘쳐 나길 기대해 봅니다.

◎ **Check Point!**

1. 아이의 '정서 지능'이 아이의 학습 능력을 결정합니다.
2. 정서 지능을 높이기 위해서는 아이의 감정을 들어 주고 대화하고 공감하는 등의 방법으로 안정적인 환경을 만들어 주세요.

· 2장 ·

"좋은 감정, 나쁜 감정, 이상한 감정"

감정에 대한 오해와 진실

기쁨에 열등감이
숨어 있을 때

'기쁨'은 자신이 바라던 것이나 욕구가 이루어졌을 때 느껴지는 즐거운 마음이나 흐뭇한 느낌을 말합니다. 기뻐하는 사람을 보면 같이 기쁘고, 나에게 기쁜 일이 생기면 또 이를 주변 사람들과 나누고 싶은 것이 당연한 마음이지요. 그런데 기쁨이 다른 감정들보다 더 빨리 사라지는 것은 기뻐할 때 더 많은 에너지를 쓰기 때문이지요.

왜 아니겠어요, 심장이 쿵쾅쿵쾅 뛰고 힘이 막 솟구치잖아요? 그런데 기쁨이 마냥 좋은 감정이기만 할까요? 기쁨 속에도 열등감이 숨어 있을 때가 있습니다.

민식이와 용우는 같은 반 친구예요. 민식이는 공부도 잘하고, 친구들에게 인기도 많지요. 선생님께 자신의 의견도 당당하게 말하고요. 용우는 이런 민식이가 부러웠어요. 자기는 억울해도 선생님께 단 한마디도 못 하는데 민식이는 선생님을 무서워하지도 않고 하고 싶은 말을 다 하는 것을 보며, 급기야 선생님이 민식이만 좋아한다고 생각했지요. 어느 날, 민식이는 학교 물품을 망가뜨려서 선생님께 크게 혼이 났어요. 그런 민식이의 모습을 보며 용우는 뭔가 통쾌함을 느꼈지요.

남의 불행은 나의 행복?

심리학에는 '샤덴 프로이데'라는 말이 있습니다. 이는 다른 사람의 고통과 추락을 보면서 기뻐하는 감정을 말합니다. 심지어 아주 친한 친구의 불행을 보면서도 기쁨을 넘어 희열까지도 느끼는 거예요. 즉, 너의 불행은 곧 나의 행복이 되는 겁니다. 남이 실패한다고 해서 나에게 돌아오는 혜택이 아무것도 없는데도 그것에서 오는 기쁨 자체가 나의 혜택이 되어 버리는 것이지요. 용우가 민식이에게 느꼈던 감정도 샤덴 프로이데라고 할 수 있어요.

우리는 길거리에 지나가는 어떤 예쁜 여성이 넘어지면 괜히 웃음이 나오기도 하고, 잘나가는 연예인의 추락을 보면서 은근한 희열을 느끼기도 합니다. '왜 쟤는 뭐 하나 빠지는 게 없을까?' 싶은 친구가 어느 날 너무 큰 고통을 당하는 것을 보면서 역시 "신은 공평하다."를 외치게 되기도 하고요. 어느 연구에서는, 2세 초반의 아이들도 또래가 겪는 불행한 상황에 대해 이러한 감정을 보인다는 것을 발표하기도 했어요.

우리 아이들 중에도 친하게 지내는 친구가 선생님께 혼나는 모습을 보면 고소해할 수 있습니다. 형이 혼나는 것을 보면서 옆에서 동생이 활짝 웃고 있을 때도 있죠. 이렇게 남의 불행을 보며 기뻐하기까지 하는 것은 인간이 악마와 같이 사악해서일까요?

하버드 대학교의 심리학과 교수인 미나 시카라(Mina Cikara)는 샤덴프로이데를 느끼는 것은 지극히 인간적인 경험이라고 말하기도 했습니다. 그리고 이러한 샤덴프로이데는 보통은 훅 들어왔다가 훅 사라지곤 합니다.

그런데 샤덴프로이데를 더 자주 느끼고 이에 더 취약한 사람들이 있습니다. 자존감이 낮고, 열등감이 심하거나, 우울감을 갖고 있는 사람들입니다. 자존감이 낮고 열등감이 심할 때는 자신을 향상시키는 것이 힘들다고 생각되기 때문에 남이 실패하는 것을 보며 기분이 좋아질 기회를 만드는 것이지요. 그리고 우울감을 자주 느끼는 사람은 남의 성공보다 실패를 보면서 더욱 즐거움을 느낀다는 연구 결과도 있습니다.

아이의 장점을 찾아 칭찬하라

내 아이가 자꾸만 남의 불행을 고소해하고, 기뻐한다면 어떻게 해야 할까요? 아이가 건강한 자존감을 가질 수 있도록, 우선은 사소한 성취를 맛보게 하여 자기 효능감을 높여 주어야 하겠지요. 그리고 샤덴 프로이데 자체가 상대적인 감정이기 때문에 다른 사람에게 공감할 수 있도록 해 주어야 하는데, 이는 공감을 잘 받아야 또 가능한 것입니다.

아이가 자신을 부정적으로 생각하지 않게 하기 위해서는 아이가 자신의 장점과 좋은 모습을 자꾸만 바라볼 수 있도록 해야 합니다. 그러기 위해서는 엄마가 먼저 아이의 장점과 좋은 면을 자꾸 찾아 주고 이야기해 주어야 하겠지요.

ⓒ Check Point!

1. 아이가 남의 불행을 보며 고소해하거나 기뻐한다면 아이의 자존감, 열등감, 우울감 등을 세심하게 관찰하고 체크해 주세요.
2. 자신에 대해 긍정적으로 생각하게 하려면, 엄마가 먼저 아이의 장점과 좋은 모습을 찾아 주고 이야기해 주어야 합니다.

슬픈데
웃고 있는 아이

우리는 마음이 아프고 괴롭고 울고 싶은 마음이 들 때 슬프다고 합니다. 그런데 아픈 마음을 표현하지 못하는 사람들이 많습니다. 1990년대에는 특히나 사회에서 명랑을 강조했었기 때문에 온 국민이 명랑의 강요를 받기도 했지요.

21세기가 된 지금은 어떨까요? 우리는 이제 명랑 대신 긍정을 강조하게 되었습니다. 부정은 무조건 부정하고, 긍정은 무조건 긍정하면서, "긍정적으로 생각해.", "힘들어도 긍정적으로 생각하면 모든 게 다 좋아질 거야."라고 말하는 사람들이 많습니다. 그래서 함부로 힘들어하거나 슬퍼하는 것이 힘든 세상이 되었습니다. 부정적인 사람으로 낙인찍히는 것이 모두 두려운 것이죠.

특히나 아이들의 정체성은 명랑이라고 생각하고 밝음과 긍정을 강요하는 어른들이 많습니다. 이렇게 자꾸만 긍정을 강요받게 되면 아이들은 슬프고 우울한 감정을 어떻게 처리해야 하는지 모르게 됩니다. 그러다가 결국 어떠한 표정을 지어야 하는지 모르게 되고 감정과 전혀 맞지 않는 표정을 짓기도 합니다.

엄마가 혼내는데 웃는 아이

"너 지금 이 상황에서 웃음이 나와? 너 엄마가 혼내는데 그렇게 웃는 표정을 지어? 엄마가 우스워?"

가끔 엄마에게 혼이 나는 와중에 미소를 짓거나 웃음을 띠는 아이들이 있습니다. 엄마 입장에서는 '얘가 엄마가 무섭지가 않나?', '엄마가 화를 내는데 감히 웃어?' 하는 생각이 들고, 아이가 반항하는 것처럼 보여 더욱더 화가 나지요. 아이가 혼나는 상황에서 웃는 것은 그 상황이 멋쩍어서이기도 하지만, 보통 슬픈 감정을 어떻게 처리해야 할지 몰라서 웃음으로 대체하는 경우가 더 많습니다. 그것이 표정으로 드러나는 거고요.

슬픈 감정을 자꾸만 억누른 결과 그와 완벽히 대비를 이루는 기쁨이라는 감정을 대변하는 웃음을 무의식중에 선택하는 겁니다. 이러한 것을 '대체 감정'이라고 하지요.

이는 어른들에게도 자주 나타납니다. 슬픈 이야기를 하면서도 얼굴은 웃고 있는 어른들이 많습니다. 무엇보다 소아 우울증을 겪는 아이들 중에는 어른처럼 무기력하고, 짜증 내고, 힘들어하는 모습을 보이는 아이들이 있는 반면, 지나치게 밝고 명랑한 모습을 보이거나 재미있는 활동에 집착하는 아이들도 있습니다. 이는 자신의 감정을 직면하기 힘든 아이들이 감정이 주는 어려움과 힘겨움을 회피하고자 하는 데서 비롯된 유형으로 볼 수 있습니다.

긍정 심리학과 긍정주의

오늘날 심리학계는 전 세계적으로 긍정 심리학이 유행하고 있습니다. 긍정 심리학은 긍정적으로 생각하면 모든 것이 잘된다는 긍정주의와는 다릅니다. '긍정 심리학'은 인간의 긍정적인 면이 어떻게 한 개인에게 영향을 미치는지를 과학적으로 밝혀내는 학문이고, '긍정주의'는 어떤 일이나 사실을 좋게 여기거나 옳다고 인정하는 태도나 경향을 말합니다.

그런데 의지만으로 모든 것이 잘된다고 가르치는 동기 부여가들이나 자기 계발서 작가들이 자꾸만 긍정주의를 강조하곤 하지요. 이러한 메시지를 철석같이 믿고 아이에게 긍정적이면 다 잘된다고 가르치면 아이는 슬픈 자신을 인정할 수 없게 됩니다. 슬픈 모습은 긍정적인 모습과 거리가 멀어 보이니까요.

슬퍼하거나 우울해한다고 부정적인 것이 아니라고 가르쳐야 합니다. 아이에게 긍정을 강요하지 말아 주세요. 긍정적으로 생각하라는 말은 자칫 '너는 슬퍼하지도 말고, 힘들어하지도 마!'라고 강요하는 것처럼 들릴 수도 있습니다.

슬플 때는 슬퍼야 한다

아이 안에 있는 슬픈 자아와 우울한 자아도 허용해 주세요. 웃음으로 그런 모습의 자아를 가리지 않도록, 그래서 모든 감정에 무감해지지 않도록 아이의 슬픔 자체에 관심을 가져 주세요. 아이가 무엇 때문에 슬픈지 물어봐 주고 위로해 주세요. 엄마가 있으니 마음껏 슬퍼하라고 안아 주세요.

다 괜찮아질 거라고 섣불리 말하지 마세요. 모든 것이 다 괜찮아질 거라는 것 역시도 긍정주의가 심어 놓은 잘못된 믿음이니까요. 그리고 이제 괜찮아질 거라고 희망을 주고 싶은 마음은, 슬픔을 다 날릴 충분한 시간을 갖고 난 다음이어도 늦지 않습니다. 슬플 때는 슬픈 감정을 바로 보는 것이 먼저입니다.

◎ **Check Point!**

1. 아이는 때로 슬픈 감정을 웃음으로 대체하기도 합니다. 어른도 마찬가지고요.
2. 긍정과 명랑을 강요하는 것은 자칫 슬픔의 감정도 막아 버릴 수 있습니다.

분노는
감정의 찌꺼기다

....

  21세기의 대한민국은 분노한 사람으로 들끓고 있는 것 같습니다. 조금만 화가 나도 폭발하는 사람들이 점점 더 늘어나고 있습니다. 자신 또한 위험에 처하더라도 반드시 보복 운전을 강행하는 사람들도 많고, 심지어 아무 이유 없이 '묻지 마 폭행'을 일삼는 사람들도 있습니다.

  왜 이렇게 대한민국이 분노로 달아오르고, 자기와 상관없는 사람에게까지 폭력을 행사하는 상황이 된 것일까요? 이는 감정의 찌꺼기가 오래 쌓였기 때문입니다. 우리 혈관 속에 찌꺼기가 자꾸만 쌓이게 되면 혈관이 막혀서 동맥 경화 등의 병에 걸리고 급기야 생명에도 지장을 미치는 것처럼, 감정 역시도 찌꺼기가 쌓이면 어느 순간 화산처럼 폭발해 버리는 것이지요.

화는 어떤 상황이나 누군가의 행동 때문에 일어나기도 하지만, 모든 감정의 총체로서 나타나기도 합니다. 즉, 스트레스가 쌓이고 쌓여서 이제 더 이상 참을 수 없는 지경에 이르면 그것이 분노의 감정으로 분출이 되는 것입니다.

화풀이의 방향이 잘못될 때

아이들도 걷잡을 수 없는 분노에 휩싸일 때가 있습니다. 특히 사춘기가 주로 오는 초등학교 고학년이 되면 불안정한 감정의 상태에 노출되기가 쉽습니다. 이럴 때 화의 감정을 제대로 표현하고 해소하지 못하게 되면, 잘못된 방식으로 화를 표현하게 됩니다. 자신도 해치고, 남도 해치는 지경에까지 이르기도 하고요. 이것이 청소년기로 이어져서 비행을 저지르는 결과로 나타나기도 합니다. 그래서 평소에 아이의 마음에 화가 쌓이지 않도록 적절한 방법들을 동원하는 것이 좋습니다.

〈짱구는 못 말려〉라는 만화가 있습니다. 이 만화에는 짱구를 비롯해 여러 친구들이 나옵니다. 그중 유리라는 어린이는 화가 날 때면 토끼 인형을 주먹으로 때리곤 합니다. 하도 맞은 토끼 인형은 공포 특집에서 유리에게 복수를 하기 위해 깨어나 유리를 잡아가서 혼내 주죠. 그래서 결국 유리가 토끼 인형에게 미안하다고 사과를 하고, 상황은 일단락이 됩니다. 그런데 유리의 이러한 행동은 엄마의 행동을 보고 배운 것입니다. 엄마도 화가 나면 토끼 인형을 두들겨 팹니다. 정작 자신을 화나게 하는 대상에게는 제대로 화를 표현하지 못하면서요.

어떤 사람들은 간혹 아이가 화가 나면 무언가를 때릴 수 있는 인형이나 물건을 갖다 놓고 화풀이를 하게 합니다. 하지만 이는 건전하고 건강한 방식이 아니라고 감히 말씀드립니다. 그 인형과 물건이 나중에는 사람이 될 가능성이 있기 때문입니다.

아이의 화를 다루는 법

아이가 화가 많이 난 상황이면 우선 아이를 꼭 안아 주세요. 아이의 심장을 압박하면서 안아 주는 것은 아이의 마음을 안정되게 해 주는 행동입니다. 그리고 아이가 심호흡을 스스로 할 수 있도록 해 주세요.

평소에도 의식적으로 심호흡을 하는 연습을 같이 하시면 좋습니다. 어렸을 때 하던 국민 체조에서 심호흡하는 자세를 취하면서 해도 좋고요. 팔을 벌릴 때는 숨을 들이마셨다가 팔을 제자리에 놓을 때는 숨을 내쉬는 거지요. 이렇게 15초 동안 따뜻한 온기를 심장에 넣어 주듯이 호흡을 함께 해 주세요.

화가 나면 일단 심장이 미친 듯이 뛰고 박동이 불규칙해지며 스트레스 호르몬이 나오게 됩니다. 그런데 이렇게 의식적으로 호흡을 해 주게 되면 심장 박동이 균일해지고 감정의 중립 상태로 만들 수 있습니다.

요즘은 물 말고도 마실 음료들이 넘쳐 나지요. 아이들이 음료 말고 평소에 물을 자주 마시는 습관을 들이도록 해 주세요. 음료는 물에 해당하지 않습니다. 그런데 음료를 마시게 되면 물을 마셨다고 착각하게 되고, 물을 마실 기회를 더 잃어버리게 되지요. 물은 우리의 감정에도 지대한 영향을 미칩니다. 우리 몸에 수분이 부족하면 짜증과 화가 자주 나고, 악몽에 자주 시달리기도 합니다.

학업 스트레스가 심해지는 고학년부터는 운동을 적당히 시켜 주세요. 운동은 스트레스를 건강하게 풀 수 있는 가장 확실하고도 바람직한 방법입니다. 특히 남자아이들은 에너지를 발산해야 하는데, 이를 제대로 발산하지 못하기 때문에 여러 중독 증세를 보이고 안 좋은 방향으로 힘을 쓰게 됩니다.

무엇보다 화나는 상황과 감정을 엄마에게 이야기하고 공감받는 것이 가장 중요하다는 것은 굳이 말씀드리지 않아도 잘 알고 계시겠지요. 감정이 그때그때마다 잘 처리되어 혈액처럼 순환할 수 있도록 해 주세요.

◎ **Check Point!**

1. 감정이 자꾸만 쌓이면 그것이 분노로 한순간에 폭발할 수 있습니다.
2. 심장 호흡법, 수분 섭취, 꾸준한 운동 등으로 스트레스를 관리하고 화를 건강한 방법으로 분출할 수 있도록 해 주세요.

자존감 이전에
자신감부터

많은 사람들이 자존감 이야기를 합니다. 자존감이 낮다고 고민하기도 하지요. 내 아이의 자존감이 건강하지 못한 것 같아 걱정하고, 또 어떻게 하면 아이의 자존감을 높일 수 있을까 고민하는 엄마들도 많습니다.

자존감은 흔히 알고 있는 것처럼 '나를 높이는 마음'이라는 뜻이 아닙니다. 그것은 오히려 '자존심'에 해당하는 말이지요. '자존감'은 사회적으로 통용되는 용어가 아니고, 심리학적 용어로 '나에 대해 전반적으로 내리는 평가'의 의미입니다. 이러한 '자존감'이라는 심리학적 용어가 일상어로 쓰이면서 비슷해 보이는 자존심과 대비되어 자존심은 이기적인 것, 자존감은 이타적인 것으로 잘못된 비교가 행해지곤 합니다.

  자존감이 높다고 무조건 좋은 것도 아닙니다. 자존감이 높은 사람은 남을 평가 절하하기 쉽고, 공격성이 높다는 연구 결과도 있습니다. 또한 사람들은 자만심이나 자기 우월감이 높을 때도 자존감이 높다고 느끼기도 하며, 실제로 이 둘을 구분하기가 힘들기도 하거든요. 그래서 자존감이 높고 낮은 것을 걱정할 것이 아니라, 자존감이 건강한가 그렇지 못한가에 더 중점을 두어야 합니다.

자기 효능감을 키워라

  그렇다면 나에 대해 전반적으로 좋은 평가를 내리는, 건강한 자존감을 가지기 위해서는 어떤 게 필요할까요? 자존감은 자신감, 즉 어떤 일이 주어지면 해낼 수 있다는 마음과 중요 타자와의 관계로 결정됩니다. 자신감은 자기 효능감이라고도 하고요. 과제나 장애물 앞에서 '해낼 수 있다, 뛰어넘을 수 있다.'라고 스스로 생각할 수 있는 마음이 있고, 부모님, 선생님, 친구들 등의 중요한 주변 인물들과 관계를 잘 맺으면 건강한 자존감을 가질 수 있다는 뜻이지요.

  자기 효능감이 낮은 아이는 문제가 주어지면 자기는 할 수 없다고 지레 겁을 먹고 포기하게 됩니다. 좋은 결과가 나와도 자신의 능력 덕분에 그런 게 아니라 어쩌다 운이 좋아서 그렇다며 자신을 폄하하기도 합니다. '친구도 하는데 나도 할 수 있다, 한번 해 보지 뭐.' 이런 마음을 먹는다면 결과가 어떤지에 상관없이 자기 효능감이 높은 아이인 겁니다.

자신감을 키워 주기 위해서는 아이에게 적당한 수준의 과업을 주세요. 너무 낮지도 너무 높지도 않은, 아이의 실력보다 약간 더 높은 수준의 문제를 주면서 도전하게 하는 것이지요. 잦은 성취를 자꾸만 경험하면서 단계적으로 실력을 높여야 아이의 자신감이 올라갈 수 있습니다. 처음부터 너무 낮은 과제를 주면 흥미를 잃기 쉽고, 너무 높은 과제를 주면 무력해질 거예요.

작은 성공 경험의 힘

자꾸만 실패를 하는 아이는 성공의 경험을 한 번은 꼭 해야만 합니다. 그리고 무언가를 이루면 박수를 쳐 주세요. 그렇다고 '노력하면 다 된다.'라는 말은 금물입니다. 노력해도 안 될 때도 있잖아요. 노력하면 다 된다는 말이 노력의 중요성을 강조한 말이라는 것을 아는 사람은 알지만, 모르는 사람은 모른답니다. 특히, 아이들은 이러한 말을 문자 그대로 믿을 수도 있으니까요. 노력하면 다 된다고 했는데 안 되면, 엄마가 거짓말을 한 것이거나 자신이 못났거나 둘 중 하나일 뿐이지요.

대신에 결과가 좀 좋지 않아도 다시 시도할 수 있는 탄력성을 길러 주세요. 한 번도 실패하지 않은 아이도, 한 번도 성공하지 못했던 아이도 탄력적이지 못합니다. 적당한 실패와 성공이 혼재해 있어야 실패해도 다시 도전할 수 있는 탄력성을 가지게 됩니다.

자신감이 붙었다면 그다음엔 관계를 잘 맺도록 응원해 주세요. 자신감이 자만심이 되지 않도록 경계도 지어 주세요. 자만한 아이는 관계를 망치기도 하니까요.

그 이후에는 내 아이의 자존감을 놓고 걱정하지 않아도 될 정도로, 아이는 충분히 잘 자라고 잘해 낼 거예요.

◎ **Check Point!**

1. 아이가 건강한 자존감을 갖기를 원한다면 자신감(자기 효능감)부터 키워 주세요.
2. 그런 다음 자주 교류하는 사람들, 부모님, 선생님, 친구들과 교감하고 좋은 관계를 맺을 수 있도록 도와주세요.

아이의 불안은
어디서 왔을까

'불안감'은 무엇을 잃을까 봐, 어떤 일이 일어날까 봐 걱정하고 조마조마해지는 감정의 상태를 말합니다. 실제로 일어나고 있는 일에 대해서가 아닌, 일어날지도 모를 일에 대해서 마음이 긴장한 상태인 것이지요.

불안감은 불확실하고 불안정한 조건에서 번성하는 감정이기 때문에 만약 자기 확신을 가질 수 없다면 불안감도 진정시킬 수 없습니다. 하지만 아이가 스스로 확신을 가지기는 쉽지 않습니다. 따라서 부모와의 유대감과 주변과의 연대감을 통해 줄여 나가는 것이 중요합니다.

사랑을 확인받고 싶은 욕구

"나 사랑해?"

가끔 우리는 사랑을 잃을까 불안한 마음에 이런 질문을 할 때가 있습니다. 남자 친구나 남편이 나를 사랑하는지 확인해 보고 싶을 때가 있지요. 남편들에게는 보통 아내가 이런 질문을 하면 위험한 신호이니 아내의 마음을 잘 살피라고 말해 주곤 합니다. 물론, 애교스럽게 사랑을 확인하고 있는 건지, 지친 상태에서 묻는지 분위기를 잘 살펴야겠죠.

아이들도 가끔은 이런 질문을 엄마에게 하기도 합니다. 아이의 이러한 질문도 위험 신호일 수 있겠지요. 특히 동생이 생긴 경우, 사랑을 동생에게 뺏길 것 같은 불안한 심리로 이런 질문을 하는 경우가 종종 있습니다.

저희 집 초등학생 아이도 동생이 태어나고 한참이 지난 후에도 이런 질문을 자주 하더군요. 이런 질문을 받을 때는 회피하거나 얼버무리지 않고, 무조건 사랑한다고 말로 표현해 주어야 합니다. 포옹도 함께 해 주면 더할 나위 없이 좋겠지요.

누구나 사랑받기를 원하지만, 아이들은 어떤 존재보다도 더 부모의 사랑을 갈구하는 존재입니다. 그리고 아이 나름의 사랑의 기준도 있습니다. 부모가 아이에게 바라는 것이 있는 것처럼 아이도 마찬가지인 것이죠.

아이의 불안을 자극하는 것들

아이가 느끼는 심리적 불안의 근원이 어디에 있는지를 살펴볼 필요성이 있습니다. 우선, 축복 속에 태어나지 못했거나, 애정이 결핍된 관계에서 태어난 아이는 마음속에 항상 불안을 가지기 쉽습니다. 부부 싸움이 잦은 가정의 아이는 늘 불안에 노출되어 있는 것이 당연합니다. 사랑받지 못할 거라는 불안, 부모가 자기를 버릴지도 모른다는 불안을 가지게 됩니다. 이렇게 애정이 결핍되어 불안한 아이는 가만히 있지 못하고, 뭔가 다른 반복되는 행동을 합니다. 무언가에 집중하거나 주의를 기울이지도 못합니다.

충격적인 사건도 불안의 뿌리가 될 수 있습니다. 반려동물의 죽음, 어린이집이나 유치원에서 힘들었던 경험 등 아이의 뇌리에 강하게 남는 사건은 초등학생이 된 이후 불안의 뿌리가 됩니다.

한 초등학생이 여동생을 잃었습니다. 엄마는 동생을 보내는 장례식을 치르며 동생이 죽었다고 말했죠. 동생이 죽은 건 사실이었으니까요. 그리고 장례식의 전 과정을 다 지켜보게 했고, 집에 와서는 동생을 떠나보내는 특별한 의식을 같이 치렀습니다. 부모는 아이도 동생의 죽음을 알 권리가 있다고 생각했지만, 이 사건은 아이에게는 감당하기 벅찬 트라우마가 되고 말았습니다.

이후부터 아이는 여동생에 대한 죄책감과 불안정한 정서를 갖게 되었습니다. 소심하면서도 때로는 변덕스럽고, 공격적이었죠. 여동생의 죽음을 본 아이는 엄마나 아빠도 언제든지 죽을 수 있다는 불안감을 가지게 되었고, 언제든 혼자가 될지도 모른다는 걱정을 하게 되었습니다.

부모의 비난이나 불신에서 비롯된 불안도 있습니다. 잘한 것보다 잘못한 것을 자꾸만 지적하면 어른도 불안함을 느낄 것입니다. 벌을 받을까 봐 불안하게 됩니다. 보고서를 낼 때마다 상사가 핀잔을 주고 지적만 일삼는다면, 그 회사는 불안해서 오래 다닐 수 없을 것입니다. 아이가 지내는 가정은 더하겠지요. 이때 아이는 부모 마음에 들어야, 잘해야지만 사랑을 받을 수 있을 거라는 생각을 하게 될 것입니다. 무엇을 잘해야지만 사랑받는다고 생각하는 아이가 과연 사랑을 신뢰하는 어른이 될 수 있을까요?

아이들은 기본적으로 사랑하는 사람이 자신을 혼내는 것 자체를 이해하지 못하고, 받아들이지 못할 때도 많습니다. 아이를 혼낼 때는 이 점을 아이에게 설명해 주세요. 바로 이 잘못된 행동 때문에 혼내는 것이지, 너를 사랑하지 않아서 혼내는 것이 아니라고요. 다 너 잘

되라고 그러는 거야.'라는 말은 삼가 주세요. 아이가 전혀 그렇게 느끼지 못할 뿐만 아니라 설득력도 떨어지니까요.

아이의 불안을 잠재우는 법

아이의 불안감을 포착했다면, 부모가 할 수 있는 가장 좋은 방법은 충분한 사랑을 주는 것입니다. 때때로 아이는 불안하니까 부모를 시험할 수도 있습니다. 사춘기가 되면 이런 경향이 심해집니다.

'이래도, 이렇게까지 해도 엄마가 나를 사랑할 수 있다고?'

이처럼 자꾸만 엄마가 어디까지 나를 사랑하는지 확인하고 싶어지기도 합니다. 불안한 아이를 대할 때는 엄마는 인내심을 가져야 할 수밖에 없습니다. 엄마의 힘으로 부족할 때는 전문 상담가의 힘을 반드시 빌려야 합니다. 그것이 아이도, 엄마도 덜 힘들고, 시간을 단축하는 길이기도 해요.

불안감이 깊어 계속해서 악몽을 꾸는 초등학교 2학년 학생이 있었습니다. 아이의 꿈에는 계속해서 괴물이 나와 아이를 괴롭혔지요. 상담을 받고 미술 치료 등으로 치료를 받고, 아이는 꿈속 괴물을 물리

치고 더 이상 악몽을 꾸지 않게 되었답니다.

아이를 잘 관찰해 주세요. 그리고 재빨리 아이의 불안의 주된 뿌리를 찾아 이를 없애기 위해 노력해 주세요. 만성적인 불안이 되지 않도록 말이에요.

◎ **Check Point!**

1. 아이가 느끼는 불안감의 근원이 무엇인지 관찰하세요.
2. 아이의 불안에는 부모의 관심과 사랑을 주는 것이 최선입니다.
3. 불안이 만성화되고 더 깊어지지 않도록 전문 상담가의 도움을 받으세요.

두려움과 혐오는
생존 본능이다

....

두려움과 혐오는 인간이 생존하는 데 있어서 가장 필수적인 감정입니다. 이러한 감정이 없다면 위험에 대해 지각할 수 없고 자신을 지킬 수가 없게 되지요.

흔히 불안과 두려움을 같이 쓰는 경우가 있습니다. 하지만 두 감정은 엄연히 다릅니다. 어떤 일이 일어날지 모를 때 느끼는 모호한, 즉 대상이 특정되어 있지 않을 때 느끼는 감정을 '불안'이라고 합니다. 반면, 특정된 사건이나 대상에 대해서 느끼는 무서움은 '두려움'이나 '공포'라고 합니다. 즉, 미래의 위협이 예상될 때 드는 불안정한 심리는 불안이고, 일어날 것이 확실시되거나 지금 일어나고 있는 사건에 대한 불안정한 심리는 두려움인 것이죠.

두려움의 정체

  뇌에서 두려움을 담당하는 부분은 편도체입니다. 이 편도체에 문제가 생기면 두려움을 느끼지 못하게 됩니다. 편도체를 잘라 낸 쥐를 뱀 옆에 놓아둔 실험은 유명합니다. 편도체가 제 기능을 하지 못하니 뱀 옆에 있어도 쥐는 전혀 두려움을 느끼지 못하게 되었지요. 도망가지도 않고 뱀 옆에서 계속 왔다 갔다 머물러 있었습니다. 쥐는 어떻게 되었을까요? 결국 뱀에게 잡아먹히고 말았습니다. 쥐에게는 너무나 잔인한 실험이었지요.

  인위적으로 편도체를 잘라 내거나 손상을 입지 않은 사람들 중에도 편도체가 잘 활성화되지 않는 사람들이 있습니다. 미국인인 알렉스 호놀드(Alex Honnold)라는 남성은 별다른 장치 없이 손과 발만을 이용해 엄청난 높이의 암벽을 등반하는 사람입니다. 그는 그러한 상황 자체가 전혀 무섭지 않다고 했는데요. 신경학자들이 그의 뇌 검사를 했습니다. 아무리 충격적인 사진을 보여 줘도 그의 편도체는 전혀 활성화되지 않았다고 합니다. 오래된 위험에 노출되어 다른 사람에겐 위험이었던 것이 그에게는 일상이었고, 다른 자극에도 둔감해진 것이죠. 그는 더 많은 모험을 누리게 되었지만, 동시에 더 많은 위험에 노출된 삶을 살고 있습니다.

뇌의 존재 이유와 역할은 생존을 위해서입니다. 그중에서도 앞서 소개했던 편도체가 그 기능을 담당하고 있고요. 자코모 레오파르디(Giacomo Leopardi)라는 이탈리아 시인은 "감옥, 빈곤, 죽음을 두려워하지 말라. 두려움 그 자체를 두려워하라."라고 말했는데요, 그의 귀족적 삶이 얼마나 그를 편안하게 만들어 주었고, 계속된 병마가 또 그를 얼마나 강하게 만들어 주었던 것인지는 모르겠지만 그가 두려움의 효능을 몰랐던 것은 분명해 보입니다.

아이에게 이런 식의 말을 하면서 무조건 두려움을 느껴서도 안 되고 무가치한 것이라고 말하는 것은 너를 지키지 말라는 것과도 같습니다. 죽음에 대한 두려움이 있기에 우리는 건강을 돌볼 수 있고, 외로움에 대한 두려움이 있기에 친구를 소중히 여길 수 있으며, 가난에 대한 두려움이 있기에 또 열심히 공부하고 일할 수 있는 거니까요.

혐오의 뜻밖의 순기능

두려움과 마찬가지로 혐오 또한 강력한 생존 기제입니다. '혐오'는 어떤 대상이나 사람을 기피하거나 싫어하는 감정을 말합니다. 분노가 동반되면서 극도로 미워하는 감정으로 나아가기도 하지요. 서로 다투고 싸우는 원인이 되기도 하고요. 그래서 혐오는 무조건 좋지 않은 것이고, 절대로 해서는 안 된다고 가르치곤 하지요. 하지만 혐오 자체의 감정보다 혐오하는 상황과 대상에 대한 인식이 더 중요합니다.

예전에 특정 음식을 먹고 체해서 토하고 고열에 시달려 엄청 고생한 기억이 있다면, 다음부터 그 기억이 뇌리에 남아 그 음식을 기피하게 됩니다. 이를 심리학에서는 '맛 혐오 학습'이라고 합니다. 다음에는 그 음식을 먹어도 아무 이상이 안 생길 수도 있지만, 우리의 생존 본능 자체가 다시 그 음식을 먹으면 안 된다고 신호를 보내는 것입니다.

때로는 다른 사람의 표정만으로도 이 혐오의 감정을 읽을 수 있기 때문에 직접 경험하지 않고도 혐오의 대상에게서 도망갈 수 있습니다. 식당에서 어떤 음식을 먹을까 고민하던 찰나에 누가 자신이 주문한 음식을 먹으며 혐오의 표정을 짓고 있다면, 우리는 굳이 그 음식을 먹지 않아도 시키지 않을 수 있게 되지요.

강아지에 한 번 물린 아이가 다시는 강아지 옆에 가지 않는다거나, 그전에 나쁜 기억이 있던 친구와 비슷하게 생긴 사람을 보면 피한다든가 하는 경험은 일종의 편견에서 비롯된 혐오이지만, 자기 자신을 보호하기 위한 강력한 도구인 셈이죠. 다시는 상처 입고 싶지 않다는 본능은 우리 마음을 지키는 방패막이가 되는 것입니다.

혐오는 우리의 감정 중 가장 하찮게 여겨지고 잊힌 감정입니다. 인종, 특정 성별, 소수자 등에 대해 혐오하는 것 자체는 정당하지 못한 것이라고 가르쳐야 하지만, 아이에게 이 혐오의 감정을 일깨워 주어야 아이의 건강도 지킬 수 있습니다. 맛 혐오에 대해 소개한 것처럼 오감과 가장 강력하게 연결되어 있는 감정이 혐오이기도 합니다. 썩은 냄새, 불쾌한 소리 등에 혐오의 감정을 느끼고, 규칙을 어기는 사람에 대해 혐오의 감정을 느끼면서 안전과 존엄함을 지키는 역할을 하기도 합니다.

두려움과 혐오도 건강한 감정이라고 가르쳐 주세요. 생존을 위해 꼭 필요한 감정이니 언제 이러한 감정들을 느끼는지 엄마에게 알려 달라고 당부해 주세요. 그래야 엄마가 아이에게 그러한 환경을 노출하지 않고 지켜 줄 수 있으니까요.

◎ **Check Point!**

1. 두려움과 혐오는 강력한 생존 기제입니다.
2. 이 두 감정도 건강한 감정이며, 언제 이러한 감정에 휩싸이는지 아이가 말할 수 있도록 해 주세요. 그래야 엄마도 너를 지킬 수 있다고요.

초등학생에게
수치심은 금물

....

    수치심과 모멸감은 인간을 가장 극단으로 몰고 가는 감정입니다. 자살하는 아이들을 자살로 내모는 것은 힘든 일을 겪었기 때문이 아니라 그 과정에서 수치심을 느껴서입니다. 인간은 수치심을 느끼게 되면 자아가 가장 극렬하게 찢어지는 상처를 입게 되고, 그러한 상태를 견딜 수 없게 됩니다.

    수치심은 단순히 창피함이나 부끄러운 감정을 의미하지 않습니다. '수치심'은 내가 비정상적인 것처럼 느껴지는 극단의 감정이고, 자아를 마비시키는 감정입니다. 죄책감은 나의 잘못된 점만 상기시키지만, 수치심은 그것을 넘어 내 존재 자체의 잘못을 상기시켜 주기 때문에 치명적입니다. 즉, 수치심은 자기가 잘못된 존재라고 느끼는 것입니다.

그렇기 때문에 남이 나를 미워하고 힐난하는 상황에서도 남 탓을 하는 것이 아니라 자기 탓을 하게 됩니다. 이런 경향은 자살하는 아이들에게서 주로 나타나는 사고의 패턴이기도 합니다. 자신이 무가치하다고 느끼고, 자기 때문에 모두가 불행하다고 느끼게 되는 것이죠. 그래서 자기만 없어지면 모든 사람이 행복하다는 결론에 이르게 됩니다.

수치심을 유발하는 말들

"야, 빨리 숙제하라 그랬지, 게을러빠져서는!"
"네가 하는 일이 다 그렇지 뭐."
"넌 이것도 몰라, 누구 닮아서 그렇게 머리가 나쁜 거야, 응?"

어떤가요? 하나같이 아이를 전혀 인격적으로 대하지 않는 말들이지요? 인격에 흠집이 나고, 초라한 능력을 갖고 있다고 생각하는 순간 아이는 수치심을 느끼게 되고, 그러한 말을 하는 사람의 말에 구속되고야 맙니다.

이처럼 수치심을 느끼기 위해서는 꼭 외부 사람이 있어야 합니다. 때로는 이처럼 적극적인 행동이나 말이 될 수도 있지만, 그저 지켜보는 사람이 있을 때조차 수치심을 느낄 수 있습니다. 만약 길을 가다가 혼자서 넘어졌는데, 보는 사람이 아무도 없으면 그냥 아프고 말 것입니다. 그런데 옆에 지켜보는 사람들이 있으면 수치심을 느끼게 되지요.

아이들은 초등학생이 되면서부터 다른 사람들에게 내가 어떻게 보일까를 신경 쓰기 시작합니다. 다른 사람들에게 잘 보이고 싶어 하지요. 그런데 수치심을 느끼게 하는 말을 듣게 되면, 잘 보이고자 했던 아이의 노력이 한순간에 무너지고, 급기야 마음속에 품은 소망들이 와장창 깨지고야 맙니다.

수치심의 결정적 폐해

조지 메이슨 대학교의 심리학 교수인 준 프라이스 탱니(June Price Tangney)는 초등학교 5학년 550명을 대상으로 종단 연구를 했어요. 이 아이들이 8학년이 되었을 때, 성인이 되었을 때를 추적 관찰한 것이지요. 그런데 어린 나이에 수치심을 경험했을수록 성인이 된 이후에도 살아가는 데 더 어려움을 겪는다는 것을 알아냈습니다.

아이가 수치심을 갖기 시작하면 남에게 비판받는 상황 자체를 몹시 두려워하고 꺼리게 됩니다. 결국, 남의 눈치를 보게 되고, 자신에 대해 몹시 부정적인 자아상을 갖게 되지요. 남이 하는 말들을 모두 믿게 되는 것입니다. 급기야 자신을 혐오하게 되어 버려요.

이렇게 수치심을 느낀 아이는 남이 자기를 어떻게 볼까 항상 불안해합니다. 그래서 자기의 진짜 모습을 자꾸만 숨기게 되고요. 진짜 자기는 이제 사랑받을 가치가 없어졌으니까요.

칭찬은 최고의 해독제

아이를 칭찬해 주세요. 나무랄 때 능력에 대해 나무라지 않는 것과 같이, 칭찬할 때도 귀인 요인(타고난 짓)이나 능력에 대해 칭찬하지 마세요. '똑똑하다, 머리가 좋다.'라는 칭찬은 좋은 칭찬이 아니랍니다. 결과에 대한 칭찬보다 과정에 대한 칭찬, 능력에 대한 칭찬보다 노력에 대한 칭찬을 해 주세요.

그리고 '착하다'라는 칭찬도 금물인 것을 아실 거예요. 때로는 부모가 바라는 것을 아이에게 얻어 내기 위해 착하다는 말로 칭찬을 하는 경우가 종종 있습니다. 심부름을 시키고 나서 착하다고 말하는 건 계속 심부름을 잘하라는 엄마 나름의 계략(?)일 수도 있지요. '잘했다'라는 칭찬도 좋지 않습니다. 이런 말은 훈련시키는 개에게나 할 수 있는 말입니다. 대신에 '고맙다, 자랑스럽다, 노력하더니 좋은 결과를 얻었네.' 등이 좋습니다.

자기 감정의 주도권 갖기

  만약, 아이가 다른 곳에서 수치심을 느꼈다면 자신의 탓이 아니라는 것을 깊이 깨달아야 수치심에서 벗어날 수 있습니다. 내가 못나서가 아니라 그렇게 말하는 사람의 인격이 이상해서라는 걸 반드시 이야기해 주셔야 해요.

  때로는 아이는 수치심을 느끼면서도 그게 수치심인지 모를 수도 있습니다. 그렇다면 엄마가 그건 수치심이라는 감정이며, 그것은 남이 강제로 주입한 잘못된 정보라는 것을 꼭 알려 주어야 합니다.

  그러한 감정이 지금의 자신에게 어떠한 영향을 미치고 있는지 아이가 엄마에게 고발할 기회를 주세요. 쉬운 일은 아니지만 이렇게 자꾸만 자신을 드러내고, 엄마가 긍정적인 자아상을 심어 줄 수 있는 또 다른 메시지를 주는 상황을 반복하여야 합니다. 그런 작업을 한 후 남이 나에게 수치심을 심어 주려 할 때 아이가 드디어 그를 거부할 수 있도록 말이에요.

내가 무엇을 해서가 아니라 나의 존재는 그 자체로 귀하며, 아무도 나를 구속할 수 없다는 것을 일상에서 자주 느껴야 다른 사람의 노예로 살지 않을 수 있습니다. 아이가 자기의 생긴 그대로 삶을 향유할 수 있도록 아이의 감정과 의견 모두를 존중해 주세요.

◎ **Check Point!**

1. '수치심'은 가장 극단적이고 자아를 마비시키는 감정입니다.
2. 아이의 인격을 비난하거나 능력을 의심하는 말은 삼가 주세요.
3. 아이가 자신이 존재 자체만으로 귀하고 사랑받을 만하다는 것을 평소에도 자주 느끼게 해 주세요.

죄책감을
책임감으로

....

　아이들은 거짓말을 하거나 자신의 실수를 감추었을 때 죄책감을 느끼곤 합니다. 아이들 마음에는 원초적으로 불안감과 함께 죄책감이 자리하게 됩니다. 따라서 불안감뿐만 아니라 이 죄책감의 감정도 잘 돌봐 주어야 합니다.

　누구나 남의 물건을 보면 갖고 싶습니다. 마트에서 팬스레 물건을 훔치고 싶은 충동도 들 수 있고요. 어떤 아이는 실행에 옮기기도 하지요.

　한 아이가 슈퍼마켓에서 물건을 훔쳤습니다. 금방 동네에 소문이 났지요. 다른 엄마들은 아이가 평소에도 마음에 안 들었던지 아이를 곧장 흠집을 내기 시작했습니다. 너무 괴로워진 아이의 엄마는 결국 이사를 가고 말았습니다. 가난한 자기들이 그런 임대 아파트에 살게 된 게 행운이고 다른 곳에 가면 이런 곳에서 절대 살 수 없을 거라 말했던 엄마가요. 남들은 우습게 볼지도 모를 그 임대 아파트가 아이의 가족에게는 너무나 깨끗하고 소중한 곳이었는데 말이에요.

　엄마의 상처도 상처이지만, 그 아이의 씻을 수 없는 죄책감은 어떻게 해결할 수 있을까요? 자기 때문에 여태 살아 본 적 없는 좋은 집에서 살 수도 없게 되었고, 도둑질을 용서받지도 못했으니 말이에요.

양심의 소리, 죄책감

　'죄책감'은 내 잘못에 대해 부담을 느끼는 감정으로, 원칙을 어기거나 가치관에 부합하지 않는 행동을 했을 때 나타나곤 합니다. 남을 지키는 데 필수적인 감정이며, 보통은 양심의 소리라고도 하지요. 내 잘못에 대한 내면적 성찰이라고 할 수 있습니다. 수치심이 집단적이고 사회적인 감정이라면, 죄책감은 개인적이고 주관적인 감정입니다. 또한 수치심이 누가 나에게 가하는 것이라면, 죄책감은 나의 내면에서부터 발생한다는 차이가 있습니다. 즉, 죄책감은 나에게서 누군가 상처 입는 것을 막아 주는 감정이지요.

죄책감을 못 느끼는 사람은 브레이크 없는 자동차와 같습니다. 사이코패스들이 바로 그런 경우입니다. 학교 폭력의 가해자들 중에도 많고요. 죄책감은 인간을 다른 동물과 구별하는 감정이라고 볼 수도 있지요. 인간을 가장 인간답게 만들어 주는 감정인 것이지요. 동물은 오직 자신의 생존을 위해 다른 동물을 해치지만, 해치고 나서도 죄책감을 느끼지는 않을 거예요. 먹이 사슬의 구조에서 잡아먹고 잡아먹히는 건 어찌 보면 당연한 것이기도 하고요.

　그런데 이 죄책감이 지나치면 죄책감 자체가 빚이 되어 버립니다. 갚아야 되는데 갚지 못하는 빚이 되어 마음속에 계속 남아 있게 되는 것이죠. 죄책감을 갖고 있다는 것은 갚지 못했기 때문에 생겨난 거니까요. 마트에서 물건을 훔친 아이가 갖게 될 죄책감은 엄마에게 갚아야 할 빚이 되어 버렸습니다.

감정의 방향이 중요하다

　죄책감은 이로운 점도 있긴 하지만, 이것이 해결되지 못한다면 어떤 누구에게도 이로운 효과를 미치지 못합니다. 죄책감이 너무나 지나치면 외상 후 스트레스 장애에 시달릴 수 있고, 극단적인 경우에는 자살 충동에 시달릴 수도 있습니다. 그리고 과도하고 부당한 죄책감은 아이들이 도전을 거부하게 만들기도 합니다. 따라서 아이를 더 좋은 방향으로 이끌려면 죄책감을 책임감으로 전환해 주는 것이 좋습니다. 죄책감의 감정을 책임감 있는 행동으로 해소할 수 있게 해 주는 것이죠.

위의 슈퍼마켓 사례에서 어른들이 자비심을 베풀어 아이에게 용서를 비는 것으로 책임을 다하게 했더라면, 아이는 물건을 훔치는 것은 나쁜 짓이며 내가 하는 행동에는 항상 책임이 뒤따른다는 교훈을 얻었을 것입니다. 죄책감은 자신의 잘못을 고백하고 수정하려고 하는 동기가 강한 감정입니다. 그런데 그럴 기회를 갖지 못한다면, 아이의 속은 꽉 막히게 됩니다.

'내가 그때 왜 그랬을까….'

시간을 되돌리고 싶고, 너무 창피해서 친구들을 볼 자신도 없는데 시간을 과거로 되돌려 없던 일로 만들 수도 없고, 그렇다고 모르는 척 굴기도 힘듭니다. 착한 아이라고 인정받았던 아이에게는 더 힘들 수 있습니다. 지나간 일을 바꿀 수도, 없던 일로 무마할 수도 없지만 현재와 미래는 얼마든지 바꿀 수 있습니다. 자신의 잘못을 인정하고, 진심으로 사과하는 것으로요.

초등학교 시기는 책임감을 배우는 시기입니다. 내가 의도하지는 않았지만 피해를 준 상황에서도 아이들은 죄책감을 느낄 수 있습니다. 그리고 의도하지 않았어도 누군가 피해를 입었다면 그에 대해서도 책임을 져야 한다는 것 또한 배워야 합니다. 그래야 자기 비난과 타인의 비난에서 벗어나 친사회적인 사람으로 살아갈 수 있을 것입니다.

◎ **Check Point!**

1. '죄책감'은 인간적이며 남을 지키기 위한 감정입니다.
2. 죄책감이 너무 지나치면 자기 비난과 외상 후 스트레스 장애 등의 문제를 일으킬 수 있습니다.
3. 아이가 잘못을 인정하고 이에 대해 사과함으로써 죄책감에서 책임감을 배울 수 있도록 도와주세요.

아이가
질투로 힘들어할 때

"저런 아이를 대체 왜 낳았어? 그냥 버리면 안 돼?"

저희 큰아이가 초등학교 3학년 때 동생을 갖다 버리자며 한 이야기입니다. 아빠를 몹시 좋아했던 큰아이는 아빠의 모든 사랑을 다 빼앗아 가 버린 동생을 한동안 미워했습니다. 별다른 노력을 하지 않아도 당연하게 받을 수 있었던 사랑을 이제는 노력해야 받을 수 있게 되었고, 반면 동생은 노력하지 않아도 사랑을 받고 있으니까요. 그것이 아이에겐 얼마나 큰 충격이었을까요.

아빠는 나름 주의를 했겠지만, 새어 나오는 웃음과 사랑을 도저히

숨길 수 없어서 자꾸만 큰아이에게 상처를 주고 말았지요. 그보다 어렸던 1학년 때는 제가 모르는 흉터가 둘째 아이의 얼굴에 나 있기도 했고, 자기가 동생으로 태어났어야 했다는 이야기를 여러 번이나 했었지요.

아이들의 경쟁심과 질투는 어쩔 수 없는 것일까요? 부모의 사랑은 빼앗기는 것이 아닌 서로 공유하는 것이며, 서로가 재미와 즐거움의 파트너라는 생각을 심어 줄 수는 없는 걸까요? 우리는 아이들이 어떨 때 질투를 느끼며, 그것이 아이 자체에서 비롯되는 것이 아니라 부모가 제공하는 경우가 많다는 것을 이해해야 합니다.

남을 부러워하는 감정 혹은 이러한 감정이 고양되어 증오나 적개심을 느끼는 것을 '질투'라고 부릅니다. 질투는 누가 내 것을 뺏을까 봐 느끼는 불안 심리입니다. 질투는 공정치 못한 상황에 대한 욕구 불만이자, 분노의 또 다른 이름이기도 합니다.

질투는 편애를 먹고 자란다

2003년 미국 에모리 대학교의 영장류학자 새라 브로스넌(Sarah Brosnan)과 프란스 드 발(Frans de Waal)은 꼬리감는원숭이를 대상으로 실험을 했습니다.

연구진은 원숭이들에게 훈련을 시켜 작은 돌멩이를 가져오도록 했습니다. 연구진은 이에 대한 보상으로 포도 한 송이 또는 오이 한 조각을 원숭이들에게 주었죠. 원숭이들은 포도가 오이보다 달달하고 맛있어서 포도 한 송이를 더 선호했습니다. 연구진은 두 원숭이들에게 우리 바로 앞에 포도가 놓인 그릇을 그대로 두고 오이 한 조각을 보상으로 주었습니다. 둘은 아무런 거부감 없이 오이를 먹었고, 돌멩이를 연구진에게 주었죠. 그런데 이후에 한 원숭이에게는 오이를, 다른 원숭이에게는 포도를 주었어요. 그러자 오이를 받은 원숭이는 오이를 연구진에게 집어던졌고 철창을 마구 흔들며 분노를 표현했습니다.

원숭이 실험 이야기를 읽으며 어떤 것이 느껴지시나요? 아이가 느꼈을 질투의 감정이 어디에서부터 기인한 것인지 조금은 감이 오시나요?

이 실험은 인간과 마찬가지로 동물도 질투를 느낀다는 것과 동시에, 질투는 공정함을 요구하고 공정하지 못한 것을 알았을 때는 분노하게 된다는 것을 보여 줍니다. 이는 둘째를 편애하는 엄마의 모습을 본 첫째의 질투나, 친구를 더 인정해 주는 교사의 모습을 보며 질투를 느끼는 학생의 경우에 접목할 수 있는 유의미한 실험이라 할 수 있습니다.

의좋은 형제자매의 비결

　부모 중 누군가는 분명 아이들을 다르게 대하고 있을 겁니다. 물론 둘 다 그럴 수도 있고요. 의식적으로 똑같이 대한다고 해도 눈치가 빠르고 감각이 발달한 아이들은 아주 재빠르게 알아채지요.
　남편은 저의 신신당부에도 불구하고 둘째만 보면 만면에 웃음을 띠었고 둘째를 더 많이 안아 줬습니다. 아직 보송보송 아기이니 더 안고 싶었겠지요. 가끔 큰아이가 그런 아빠의 모습을 보며 동생만 예뻐한다고 말하면, 동생은 아기니까 그렇다며 자기 합리화를 했습니다. 아이 입장에서는 인정하지 않는 아빠에게서 벽을 느꼈을지도 모릅니다. 사랑을 뺏긴 것만도 억울한데, 아빠는 대놓고 공정하지 않겠다고 선언한 것이나 마찬가지입니다.
　아이들은 그저 동생의 존재만으로 질투를 느끼지 않습니다. 동생에게 형은 좋은 롤 모델입니다. 큰아이에게 동생에게 발휘할 리더십과 자리를 내주면 형은 그야말로 가장 훌륭한 역할 모델이 될 수 있습니다. 그러려면 아이들을 최대한 공정하게 대하기 위한 부모의 노력이 선행되어야 하며, 형을 형으로서 더 인정해 줘야 하지요.
　형이나 언니, 누나의 자리는 그 자체로 동생을 돌봐야 하는 부담스러운 자리이기도 합니다. 그런 중차대한 부담을 안고 있는데, 부모가 사랑과 애정은 동생에게 더 주고 있다면 얼마나 억울할까요?

형제자매가 가장 좋은 놀이 파트너에서 인생 파트너가 될 것인지는 부모의 공정함에 달렸습니다. 힘들더라도 부모가 노력해야 하는 부분이겠지요. 큰아이에게만 희생을 요구하는 것은 너무 가혹하니까요.

◎ **Check Point!**

1. '질투'는 내 것을 빼앗길까 봐 두려운 마음에서 나타나는 감정입니다.
2. 공정하지 못한 상황에서 질투는 더 극대화됩니다.
3. 부모가 아이들을 공평하게 대하고 사랑해 준다면, 아이들은 최고의 파트너가 될 것입니다.

용서와 화해
강요하지 않기

초등학교 교실에서는 수시로 다툼이 일어나지요. 아이들 다툼이 엄마들 싸움이 되기도 하고요. 특히, 아이가 초등학교에 입학하면 엄마들은 무척 예민해집니다. 모든 촉각이 다 열려 있고 내 아이가 학교생활을 잘할지에 대해 늘 걱정합니다.

선생님들도 마찬가지일 겁니다. 한둘이 아닌 아이들을 통제해야 하고, 누군가 문제를 일으키면 반 전체의 분위기를 위해서 얼른 문제를 해결해야 한다는 부담감이 생기게 되지요. 그래서 아이들을 불러내서 "둘이 악수해, 서로 미안하다고 말해." 등을 시키고 이 시간부터 화해 쾅쾅쾅 판사봉을 두드리게 됩니다. 아동 발달 전문가들이 미안하다는 말을 아이들에게 강요해서는 안 된다고 누누이 강조하는데도 말이지요.

  엄마들도, 선생님들도, 아이들끼리 싸우면 빨리 화해를 시켜야 한다는 강박이 생기게 됩니다. 아이가 어릴수록 화해에 어른들이 개입하기가 쉽고요. 학교라는 사회에서 생활하는 아이들에게 공부도 중요하지만, 교우 관계보다 더 중요한 것이 어디 있겠어요? 초등학생 시절에 경험하는 관계는 이후에도 지대한 영향을 미치기도 하고, 또 학교는 6년이라는 긴 시간을 머물러야 하는 공간이기도 하니까 말이에요. 그래서 억지로라도 화해를 시키곤 하지요. 그나마 화해라는 행위는 서로 평등한 관계에서 이루어지는 행위입니다.

화해는 행동, 용서는 감정

  용서는 화해와 결이 조금 다릅니다. 화해는 앞으로 잘 지내겠다는 뜻이지만, 용서는 앞으로 내가 너와 계속 웃으면서 지내겠다는 뜻이 아닙니다. 용서는 더 이상 너의 책임과 잘잘못을 묻거나 따지지 않겠다, 복수하지 않겠다는 다짐입니다. 화해는 행동에 가깝고, 용서는 감정에 가깝습니다.

  우리가 아이에게 "지금부터 당장 기뻐해!"라고 말할 수 없듯이, "그냥 용서해!"라고 말할 수도 없습니다. 누가 강요하고 시킨다고 내 의지대로 어떤 감정을 느낄 수 없듯이, 용서도 그런 것이지요. 화해가 평등한 관계에서 이루어지는 것이라면, 용서는 가해자와 피해자 간에 이루어지는 것이지요. 그렇기 때문에 용서를 할 때는 반드시 가해자의 사과가 있어야 하고, 피해자가 그것을 받아들일지 말지는 피해자의 감정 상태에 따라 달라질 것입니다.

용서를 비는 행위, 미안해하는 마음이 선행되어야 가해자는 책임감을 배우게 되는데 학교 현장에서는 이러한 과정 없이 일방적으로 피해자에게 용서를 해 줄 것을 강요하는 일이 수시로 일어납니다. 교내 평판이나 학급 분위기 등을 내세우고, 친구끼리 그럴 수도 있다고 말합니다. 학폭위에 관한 부담감 혹은 번거로움을 꺼리기 때문이기도 하죠. 이 과정에서 가해자는 반성하지 않는 태도를 보일 때도 많고, 그러다가 용서하지 않는 아이에게 책임을 전가하기도 합니다. 이러한 과정들은 용서의 당사자, 피해자인 아이에게는 엄청난 심리적 압박이 됩니다.

용서의 목적은 교훈에 있습니다. 용서에서 어떤 교훈을 얻었느냐가 용서의 가치인 것이지요. 그리고 이때의 교훈은 피해자의 것이 아니라 가해자의 것이 되어야 합니다.

학교 폭력 등의 극단의 과정이 아니더라도 초등학생들은 반 친구와 절교를 밥 먹듯이 합니다. 그러다가 또 언제 그랬냐는 듯 풀릴 때도 있고, 끝끝내 절교하고 말 때도 있습니다. 엄마 입장에서는 너무나 안타까운 마음이 들지만, "친구끼리 뭐 그런 거로 그래?", "그냥 사이좋게 지내."와 같은 말은 전혀 도움이 안 된답니다. 다른 학부모나 동네 주민과 싸우고 나서 남편에게 하소연했는데, 남편이 "애들이냐, 뭐 그런 거로 싸워?"라고 했을 때 전혀 도움이 되지 않고 버럭 화가 나던 것을 떠올리면 이해할 수 있을 거예요. 아이의 심정도 내가 남편에게 갖는 심정과 별반 다르지 않다는 것을요.

용서하고 싶지 않은 마음도 인정한다

  사람들은 용서를 자기 자신을 위해서 하는 것이라고 하는데요. 이 말은 용서를 하면 마음이 편해진다고 오용되어 용서를 강요하는 근거로 사용되곤 합니다. 감정이 풀린 후에라야 용서가 가능하고 그런 다음에야 용서가 평화로 이어질 수 있습니다. 그래야 용서가 자기 자신을 위한 것이 될 수 있습니다.
  진심으로 하는 용서가 아닌, 외부의 힘에 의해 강요된 용서는 스트레스를 받으면 활성화되는 교감 신경을 자극하고 혈압을 상승시킵니다. 누군가에게 상처받아 결코 용서하고 싶지 않은 마음, 그것마저도 받아 주세요. '얼마간의 시간이 더 걸리겠구나.' 아니면 '그 아이를 다시는 보고 싶지 않을 만큼 상처가 깊었던 거구나.' 하고 이해해야만 합니다. 용서를 하라고, 사이좋게 지내는 게 정답이라고 말하면 엄마에 대한 배신감만 느낄 뿐입니다. 나를 이해하지 못하고 친구 편에서 말하는 것처럼 느껴지니까요.

◎ **Check Point!**

1. 용서를 강요하는 것은 감정 폭력입니다.
2. 용서에서 오는 교훈은 가해자가 받아야 하는 것입니다.
3. 강요된 용서는 교감 신경을 자극하고 혈압을 상승시킵니다.

감정에 숨은
또 다른 감정

아이가 울 때 어떤 감정이 드시나요? 어떤 엄마는 우는 아이를 보면 짠한 마음이 들고, 어떤 엄마는 문제를 빨리 해결해 주고 싶은 마음도 들 거예요. 그리고 또 어떤 엄마는 우는 아이를 보며 짜증이 나거나 화가 날 수도 있습니다. 아이가 화를 낼 때는 어떤가요? 어떤 엄마는 화를 그냥 받아 줄 수 있지만, 어떤 엄마는 화내는 아이의 모습 자체에 더 크게 화를 낼 수도 있습니다.

왜 같은 상황에서도 엄마들의 반응은 서로 다른 걸까요? 누군가가 자신의 감정 표현을 했을 때, 이를 받아들이는 모습은 사람마다 다 다릅니다. 남의 감정에 대해 모두가 다 똑같은 감정을 느끼지는 않는다는 것이죠.

누군가의 감정에 대해서 사람마다 반응이 다른 이유는 초감정(Meta Emotion) 때문입니다. 메타 인지라는 말을 들어 보셨을 거예요. '메타 인지'가 생각에 대한 생각이잖아요. '메타 감정', 즉 '초감정'은 감정에 대한 감정을 말하는 것입니다. 또는 감정에 대한 편견, 감정 속에 숨은 감정, 감정 너머의 감정 등으로 표현할 수 있습니다.

초감정은 유아기 때부터 시작해서 아주 오랜 시간 형성되어 우리가 감정을 바라보는 인식을 형성합니다. 보통은 무의식적으로 일어나기 때문에 알아차리기가 힘들 때도 많습니다. 그런데 엄마의 초감정을 알아차리지 않으면 지속적으로 아이와 갈등과 마찰을 겪을 수 있으므로 엄마는 자신의 초감정을 잘 들여다보아야 합니다. 나의 초감정이 아이에게 대물림될 수도 있으니까요.

천 개의 마음, 천 개의 감정

개개인의 역사가 다르기에 개개인의 초감정이 다른 것은 당연합니다. 예를 들어, 어떤 아이는 울어도 부모님이 달래 준 데 반해, 다른 아이는 울면 운다고 더 혼이 났을 수도 있습니다. 그러면 두 아이는 울음에 대해 서로 다른 경험을 갖게 되고, 그것이 초감정을 이루는 기반이 됩니다. '너는 강해져야 한다, 우는 건 창피한 일이다.' 등의 메시지를 받았거나 운다고 비난과 경멸을 들은 아이는 나중에 커서 우는 자신을 못 견디게 됩니다. 당연히 타인이 우는 것만 봐도 화가 날 테고요.

어떤 엄마는 아이들이 집에서 문을 닫고 있으면 불안감이 밀려온다고 합니다. 그래서 아이가 문을 닫고 있는 것을 보면 느닷없이 문을 열고 들어가곤 했지요. 절대 문을 닫지 말라고 신신당부하기도 했습니다.

그런데 그녀가 어렸을 때 그녀의 엄마는 화가 나면 방에 들어가 문을 닫아 두곤 했습니다. 생각해 보니, 자신도 화가 날 때면 문을 꽁꽁 닫아 버리곤 한다더군요. 어렸을 때 엄마가 화난 모습을 보이면 늘 불안했고, 엄마가 문 닫는 행위로 화를 적극적으로 표현하자 그녀는 점점 더 불안했을 것입니다. 화에 대한 그녀의 초감정은 불안감이었고, 심지어 아이는 그냥 자신만의 공간과 시간이 필요해서 문을 닫았을 뿐인데도 화와 문 닫는 행위가 서로 연결이 되면서 불안감이 밀려왔던 것이지요.

초감정이 무엇인지 몰랐을 때는 자기가 화가 났을 때 문을 닫고 방에 들어가 버렸다는 것조차도 몰랐고, 누군가가 화내는 모습에 자기가 몹시 불안해하고 있다는 것도 몰랐습니다.

나의 초감정 깨닫기

만약 어떤 사람이 자신의 감정을 말했는데 내가 다른 사람과 다른 반응을 하고 있다든지, 내 마음속에 반감이 든다든지, 어떤 불편한 감정이 일어나고 있다면 그 감정을 바라보는 내 감정이 어떠한지, 초감정이 어떠한지를 가만히 살펴보아야 합니다. 아이와의 관계뿐만 아니라, 남편과 기타의 관계에도 영향을 미칠 테니까요.

사실 초감정을 의식한다고 해서 없앨 수는 없습니다. 자신의 초감정을 인지한 상태에서 아이와 그에 대해 솔직하게 이야기를 나누고 이해하는 수밖에 없지요. 아이가 문을 닫는 모습에 불안감이 밀려온다면, 어떤 상황에서 그런 감정을 느끼는지 솔직히 이야기해 주고 앞으로 어떻게 해 주었으면 좋겠다고 요청하는 말을 해 보세요. 엄마가 왜 그런지 모르는 상태에서는 엄마의 반응이 아이에게는 상처만을 남깁니다.

"할머니는 항상 화가 나면 문을 닫고 방으로 들어가 버리셨어(상황). 그런 모습을 보면 엄마는 계속 불안감이 들었어(감정). 그래서 너희들이 문을 닫고 있는 것만 봐도 불안감이 들거든(감정). 그러니까 집에서 가급적 문을 닫지 않았으면 좋겠어(요청)."

이런 식으로 솔직하게 엄마의 마음을 이야기해 주세요. 아이도 엄마의 감정을 이해할 수 있도록 말이에요.

◎ **Check Point!**

1. '초감정'은 감정에 대한 감정, 감정에 숨은 감정, 감정에 대한 편견입니다.
2. 엄마가 자신의 초감정을 이해하지 않으면 아이는 알 수 없는 엄마의 감정으로 상처받기 쉽고 엄마의 초감정을 그대로 답습합니다.
3. 초감정을 갖게 된 상황, 그때 드는 감정 등을 아이에게 이야기하고 적절한 요청을 해 보세요.

· 3장 ·

"감정에 휘둘리는 아이, 감정을 다스리는 아이"

마음이 강한 아이로 키우는 실전 감정 조절법

나 전달법
사용하기

"너는 여자애가 왜 이렇게 조신하지 못해?"

"내가 뭘, 내가 언제?"

"내가 뭘, 내가 언제? 이게 어디서 엄마 눈을 똑바로 쳐다보고 대들어? 엄마가 그렇다면 그런 줄 알지."

이 대화를 어떻게 다르게 표현할 수 있을까요? 엄마가 위와 같이 이야기하는 대신에 "요즘 세상이 너무 험해서 엄마가 너의 짧은 치마를 보니까 너무 걱정되고 불안하다."와 같이 이야기했더라면 아이의 반응이 조금은 달라지지 않았을까요?

화를 증폭시키는 '너는 왜' 화법

아이와 이야기하다 보면, '너는 왜'로 시작하는 문장들을 많이 이야기하게 됩니다. 도무지 이해되지 않는 행동들을 많이 하니까요. 특히, 남자아이의 경우 엄마가 방금 하지 말라고 했는데도 꼭 그 짓을 몇 분 후에 다시 하면서 엄마의 속을 뒤집어 놓곤 하죠. 가끔은 '일부러 엄마를 화나게 하려고 저러나?' 하는 생각도 들고 말이에요. 하지만 이 행동을 하면 엄마가 뒷목 잡고 쓰러질 거라는 생각을 할 정도로 남자아이가 그렇게까지 주도면밀하지는 않을 것입니다. 단지, 지나치게 자기 욕구와 욕망, 본능에 충실할 뿐이지요.

아이들과 있다 보면, 엄마는 스스로 '나는 악마인가?', '내가 이것밖에 안 되는 사람이었나?' 자책할 때도 많습니다. 갑자기 화가 나서 아이에게 퍼부었다가 죄책감이 들어 미안하다고 사과했다가 몇 분 후에 또 화를 내기도 하니까요. 심지어 소리소리 지르다가 가수들이나 걸린다는 성대 결절까지 걸리는 사례들도 많이 보았습니다.

'너는 왜'를 말하다 보면 점점 더 화가 날 것입니다. 아이를 비난하게 되고, 단점과 약점을 말하면서 또 발견하고 확인하게 되고 말이지요. 내가 비난의 목소리로 말하면서 내 귀로 들으니 점점 더 언성이 높아지고 화가 더 차오르게 되고요.

지그문트 프로이트(Sigmund Freud)는 화를 없애려면 화를 모조리 분출해야 한다고 했습니다. 소리를 지르거나 물건을 부수면서 분노를 모조리 다 분출해야 마음을 정화할 수 있다고 했지요. 하지만 여러 심리학자들은 이에 결코 찬성하지 않습니다. 화를 내는 행동 자체가 화를 더 부추긴다고 했습니다. 아마 아이나 남편에게 화를 내기 시작하니 더 화가 났던 경험들이 있을 거예요.

화를 가라앉히는 '나는 이럴 때' 화법

분노가 켜켜이 쌓여 있으면 조금만 터트려도 더 크게 분노하게 되고 말지요. 그래서 분노가 쌓이지 않도록 적절한 방법으로 그때그때 말해야 하는데요. '너는 왜' 대신에 '나는 이럴 때~'로 말을 시작해야 합니다. 아마 '나 전달법(I message)'은 많이들 들어 보셨을 거예요. '나 전달법'은 토마스 고든(Thomas Gordon)이 창시한 용어로, '나'가 주체가 되어 상대의 행동에 대한 나의 감정을 전달하는 대화법입니다. 꼭 '나는, 나는' 하라는 게 아니라 너에 대한 이야기에서 나에 대한 이야기로 전환하라는 것입니다.

나 전달법을 사용할 때는 우선 주어진 상황이나 행동에 대한 비난이나 비평 없이 서술합니다. 이후에 그것이 나에게 어떠한 영향을 끼쳤으며 어떤 감정을 느꼈는지를 이야기합니다. 만약 형제들끼리 싸우고 있다면 "야, 엄마가 전화 통화할 때 자꾸 시끄럽게 하지 말라고 했지!" 대신에 "엄마가 지금 중요한 통화를 하고 있는데(상황), 상대방 소리가 잘 안 들려(영향). 그래서 엄마가 짜증이 나려고 하거든(감정)."의 식으로 바꾸어 말하는 거지요.

이러한 요소들을 다 갖추어야 한다기보다 나의 감정을 전달하는 데 중점을 둔다 생각하면 됩니다. 물론 힘든 일입니다. 속 시원히 소리 지르고 나면 상황이 종료되는데, 이렇게 친절하게 이야기하면 눈치 없는 아이들은 계속 시끄럽게 하기도 하니까요.

칭찬할 때도 나 전달법으로

화가 날 때뿐만 아니라 아이를 칭찬할 때도 나 전달법이 좋습니다. "성적 잘 받았네, 잘했어, 거봐 노력하니까 되잖아."보다 "이렇게 너의 성적을 보니까 네 노력이 보상받은 것 같아서 엄마 마음이 참 뿌듯하다. 엄마 기분이 참 좋고 자랑스러워."와 같이 표현하는 것이 좋습니다. 이렇게 평소에 언어 습관을 바꾸다 보면, 화가 났을 때도 적응이 더 수월하지 않을까 기대해 볼 수도 있겠지요.

나 전달법의 핵심은 그냥 사실의 서술입니다. 비난, 질책, 평가 등이 배제되는 사실로서의 상황, 사실로서의 영향, 사실로서의 감정만을 전달할 뿐이지요. 부모의 말이 설교와 잔소리가 아닌 그야말로 표현이 될 수 있도록 말이에요.

◎ **Check Point!**

1. '나 전달법(I message)'를 사용하면 비난과 질책, 평가, 설교와 잔소리에서 벗어날 수 있습니다.
2. 상황, 영향, 감정의 3요소는 나 전달법의 핵심입니다. 때로는 나의 감정을 전달하는 것만으로도 충분합니다.

언어로
감정 확인해 주기

초등학교 저학년 아이들은 아직 자신의 감정이 무엇인지 잘 모를 때가 있습니다. 물론 고학년이 된다고 해서 자신의 감정을 저절로 잘 알게 되지는 않을 것입니다. 어른들도 자신의 감정이 대체 무엇인지 모르기도 하고, 자신에게 일어나고 있는 감정에 때로는 의아해하기도 하니까요.

아이가 어떤 감정과 기분을 표현하고 싶은데 제대로 표현하지 못할 때가 있을 겁니다. 이를 파악하기 위해서는 평소에 아이의 감정을 잘 관찰하는 것부터 선행되어야겠지요. 그리고 아이도 그러한 연습을 자꾸만 해야 자신의 감정에 솔직해지고, 어렸을 때부터 엄마에게 감정을 표현할 수 있어야 사춘기를 잘 넘길 수 있습니다.

"지금 기분이 어때?"

어느 날 학교에서 아이가 친구와 싸웠습니다. 그 과정에서 수많은 감정이 밀려올 수 있습니다. 우선 친구에게 화가 나거나 서운했을 수도 있고, 친구들 앞에서 선생님께 혼이 나서 수치심과 억울함을 느꼈을 수 있습니다. 그리고 이후에는 이 모든 상황이 슬퍼졌을 수도 있고요. 그중에서 어떤 것이 가장 큰 감정이었는지 단서를 잡는 것이 가장 중요합니다. 인간은 서운한 상황에서도 화를 내는 것으로 감정을 표현할 수 있고, 너무나 억울해서 울기도 하니까요.

서운한 마음이 드는데 화를 내고 있다고 "그게 그렇게 화가 났어?"라고 묻는다면 아이 마음속은 답답해지거나, 서운함은 잊고 자기도 모르게 처음부터 화가 났다고 스스로 믿을 수도 있습니다. 억울해서 울고 있는데, "많이 슬펐구나."라고 말하는 것도 적절하게 대처하는 것이 아니고요.

감정을 파악하기 위해서는 가장 먼저 "지금 기분이 어때?"라고 물어봐 주세요. "왜 싸웠어? 그래서 어떻게 됐어?" 등등의 궁금증은 잠시 넣어 두고, 아이가 지금 느끼고 있는 감정이 뭔지, 기분이 어떤지

부터 말하게 해야 합니다. 정보부터 알아내기 시작하면 어느새 아이는 기분을 잊어버리게 되고, 중간중간 엄마의 판단과 개입이 들어가면서 아이의 원래 감정이 훼손되기 쉽거든요.

엄마가 빨리 아이의 기분을 풀어 주고 싶어서 다른 활동으로 관심을 돌리게 한다거나 다른 것으로 지금의 감정을 덮는 것은 금물입니다. 불편한 감정에서 벗어나는 방법은 불편한 감정을 표현하는 것밖에는 없으니까요.

지금 현재 감정에 머물기

다른 동물들도 감정을 느낄 수 있지만, 오직 인간만이 다양한 감정을 느끼고 세분화해서 표현할 수 있습니다. 감정을 세분화하다 보면 내 감정의 상태가 불안정함을 금방 깨달을 수 있게 되고, 감정을 잘 조율할 수 있게 되며, 병에 걸릴 확률도 낮아집니다.

그런데 자신의 감정을 인지하고 수용해 본 적 없는 사람들은 감정을 제대로 느낄 수 없을 뿐만 아니라 이를 말로써 표현하지도 못하게 됩니다. 특히 초등학생은 혼자서 이를 스스로 하기가 힘들기 때문에 자신의 감정을 인지하고 수용하게 하려면 부모가 꼭 도와주어야 합니다.

이를테면, "걔 때문에 짜증 나!"를 "걔는 얼굴도 예쁜데, 공부도 잘하고, 심지어 친구들한테 인기도 많아. 그래서 부러우면서 샘도 나고, 세상이 너무 불공평한 것 같아서 너무 짜증 나!"와 같이 자신의 짜증 나는 감정을 세세하게 표현할 수 있어야 합니다. 어렸을 때부터 이런 훈련이 되지 않으면 어른이 되어서도 "나는 쟤만 보면 괜히 짜증 나.", "쟤는 참 주는 것 없이 싫더라." 이렇게 남 탓을 하면서 남을 미워하고 괴롭히는 지경에까지 이를 수 있습니다.

감정을 세분화하기까지 시간이 걸릴 수 있습니다. 모든 과정이 단계별로 이루어져야 나중에 자신의 감정을 하나하나 놓치지 않고 스스로를 돌아볼 수 있습니다. 그 첫 단계가 '지금 바로' 느껴지는 감정을 말하는 것입니다.

시간이 지나면 사건이나 상황은 정확히 기억이 나지 않더라도 그때 느꼈던 기분이나 감정은 그대로 떠오를 때가 있습니다. 기분이나 감정을 표현하지 못해서 제대로 풀리지 않았다는 뜻이지요. 시간이 지나서 "내가 그때 그랬었다."라고 말하기에는 너무 치사해서 말하지 못하게 되고, 그러면 결국 감정은 그대로 남습니다.

꼭 상대방에게 감정을 되돌려주지 않아도 누군가에게 지금의 감정을 표현하는 것은 정말 중요합니다. 표현하는 행위 자체가 중요합니다. 그러다 보면 다른 사람에게도 적절하게 표현하는 방법을 배우게 될 겁니다.

아이에게 "그때 기분이 어땠어?", "지금 기분이 어때?"라고 항상 기분을 먼저 물어봐 주세요. 아이가 자신의 감정을 언어화할 수 있도록 도와주세요.

◎ **Check Point!**

1. 아이가 사건을 말하려고 할 때, 가장 먼저 기분을 물어보는 것으로 대화를 시작해 주세요.
2. 자신의 감정을 언어로써 표현할 수 있는 아이는 감정을 세분화할 수 있으며 감정 조율을 잘하게 됩니다.

미러링
해 주기

아이들은 공감받고 있을까요? 왜 어느 시점에 가서는 부모와 지내는 것보다 친구와 지내는 것이 더 좋아질까요? 답은 이미 우리의 어린 시절에 있겠지요. 엄마와는 도무지 말이 통하지 않고, 나를 이해하지도 못하고 잔소리만 하니 더 이상 말하고 싶지 않고, 친구들과는 공통의 문제를 겪고 있으니 부모보다 더 편하고, 서로의 문제를 나누지는 않더라도 최소한 재미라도 있고 말이지요.

아이들이 '공감받고 있다, 그래서 부모와의 대화가 즐겁다.'라고 느낄 수 있게 하려면 아이들의 감정 곁에 머물러 주고, 같은 눈높이로 그 감정을 바라봐 주어야 합니다.

아이에게 온전히 공감하는 법, 미러링

앞서, 아이가 사건을 이야기할 때, 자신의 감정을 말하고 싶어 할 때 기분을 먼저 물어보라고 설명했는데요. 아이가 기분을 말하고 나면 엄마가 그 기분을 한번 확인해 주는 것이 좋습니다. 이러한 방법을 '미러링(mirroring, 거울식 반영법)'이라고 합니다. 거울을 보듯이 똑같이 감정을 아이에게 반영해 주는 것이지요. 메아리와 같다고 생각하면 됩니다.

이는 내가 너의 이야기를 온전히 경청하고 있다는 것을 아이에게 알려 주는 방법이면서, 동시에 아이의 기분을 언어로 확인해 주는 것입니다. 또한 비난이나 판단이 아닌 사실 자체만을 말함으로써 감정을 공감하고 있다는 표현이기도 하지요.

"그래서 그때 기분이 어땠어?"
"되게 부끄럽고 창피했지."
"아, 부끄럽고 창피했구나."

이런 식으로 아이의 감정 표현을 반복해서 엄마가 똑같이 말해 주는 겁니다. 그러면 아이는 '엄마가 내 말을 이해하고 있고 나를 받아 주고 있구나.' 하고 안심하게 됩니다. 물론 앵무새나 로봇처럼 따라

한다면 아이는 '엄마가 나를 놀리고 있구나.' 생각할 수도 있으니 최대한 부드러운 어조로 말해 주어야겠지요.

미러링은 언어가 아니라 행동으로도 드러낼 수 있습니다. 호감 가는 연인끼리 상대의 행동을 따라 하게 되는 것처럼, 아이가 말할 때의 자세를 진지하고도 자연스럽게 따라 하면서 서로의 유대감과 연대감을 암묵적으로 공유하는 것이지요.

감정을 가라앉히고 관계도 좋아지는 미러링 효과

감정이 격해져 있는 상태에서도 엄마가 이렇게 미러링을 해 주면 아이는 자신의 상태를 정확하게 인지할 수 있습니다. 만약 위의 대화에서 "부끄럽고 창피해서 그 친구가 너무 미웠구나?"라고 엄마가 상황을 확대해서 이야기하더라도, 아이는 "아니, 창피하긴 했는데, 친구가 미울 정도는 아니었어."라고 자신의 감정을 정확하게 이야기하게 됩니다. 이것이 미러링의 효과 중 하나입니다.

또한 미러링은 엄마가 내 말을 듣고 있는지에 대한 의문을 갖지 않게 합니다. "엄마, 내 말 듣고 있어?"라고 굳이 물을 필요도 없어지지요. 때로는 아이가 말하는 것을 그대로 반영해 주는 것만으로도 아이는 '공감받고 있다.'라고 느끼고, '어떠한 이야기를 해도 비난받지 않는구나.' 안도하게 됩니다.

"엄마, 엄마가 내 말을 안 들어 줘서 너무 화가 났어."
"그랬구나, 엄마가 말을 안 들어 줘서 화가 났구나."

이렇게 말해 주는 것만으로도 아이는 속이 풀릴 수 있어요. 엄마가 항상 자기의 편이라고 느낄 수 있게 됩니다.

◎ **Check Point!**

1. '미러링(mirroring, 거울식 반영법)'은 아이의 감정을 한 번 더 반복해서 아이에게 되돌려 주는 것입니다.
2. 미러링은 아이의 마음을 온전히 경청하고 있다는 것을 알려 주는 대화 방법입니다.
3. 미러링을 해 주면 아이는 자기 감정에 대해 비난받지 않고, 공감받고 있다고 느끼게 됩니다.

감정은 빼고
상황만 말해 보기

우리의 감정을 말하다 보면, 그때 그 상황이 생각나서 더 격해질 때도 있습니다. 너무나 억울하니까 억울한 심정을 강하게 어필하고 싶고, 너무 화가 나니까 일단은 내가 화가 났다는 것을 어떻게든 표현해야 직성이 풀리기도 하지요.

그런데 그렇게 감정을 내세워 말하면 듣는 사람 입장에서는 내용보다 감정을 표현하는 방식 자체에 더 과민하게 될 수도 있습니다. 또한 공감을 위한 공감이라는 부작용을 낳을 수도 있습니다. 따라서 감정을 전달할 때와 상황을 전달할 때는 구분해서 말하는 연습을 한 번 해 보도록 합니다.

감정 전달법, 상황 전달법

"내가 어제 친구 셋이랑 놀고 있었거든. 그런데 갑자기 애들이 사라졌지 뭐야? 내가 얼마나 당황을 했겠어? 그래서 내가 애들에게 막 전화를 했지. 근데 아무도 전화를 안 받는 거야. 처음에는 둘이서 잠깐 어디 갔나 보다 생각했는데, 알고 봤더니 나만 두고 둘이서 가 버린 거야. 내가 엄청 열이 받았지. 어떻게 애들이 나만 놓고 둘이서 가 버릴 수가 있어? 나만 왕따를 시키고 말이야. 그래서 내가 다음 날 어떻게 그럴 수 있느냐고 따지니까 아무 말도 안 하고 그냥 얼버무리는 거야. 너무너무 억울하고 화가 났어. 애들이 어떻게 그럴 수 있지? 최소한 나한테 어떻게 된 일인지 설명해야 하는 거 아냐? 나한테 미안하다고 해야 하는 거 아냐? 어떻게 미안하다는 말 한마디도 없이 그럴 수가 있어?"

이렇게 감정을 위주로 이야기하는 동안 아이의 감정은 점점 더 고조되고 상황을 더 확대 해석하여 받아들일 수 있습니다.

반면, 상황을 말할 때 감정을 넣지 않고 있었던 사건만을 이야기하면, 놀랍게도 감정이 크게 동요되지 않고 스스로 조절할 수 있게 됩니다. 그리고 듣는 사람도 내용에 더 집중하게 되어 더 공감할 수 있게 되고요. 다음은 상황 전달법으로 이야기하는 경우입니다.

"어제 친구들이랑 셋이서 놀았어. 그런데 아이들이 나를 놓고 가 버리고 없었어. 그래서 전화를 했는데 아무도 받지 않았고, 나는 그냥 혼자 집으로 왔어. 다음 날 학교에 가서 애들한테 어떻게 된 일이냐고 물었는데, 그냥 대답을 얼버무렸어."
"그래서 네 기분이 어땠어?"
"처음에는 너무 화났지. 왕따가 된 거 같아 속상하기도 하고…."
"화나고 속상했구나, 엄마라도 그랬을 거야. 지금 기분은 어때?"

내가 상황 자체만을 놓고 이야기하면 상대가 기분이 어땠냐고 묻게 되고, 진짜 마음이 많이 상했겠다고 먼저 공감하게 됩니다. 그리고 상황만을 이야기하면 이야기를 하는 동안에 자신의 감정과 상황 자체를 정리하게 되고요. 내가 먼저 상황과 감정을 섞어 말하면서 감정을 한꺼번에 다 쏟아 내면, 상대는 다음에 무엇을 어떻게 해 줘야 할지 당황하게 됩니다. 어떤 것부터 말해 줘야 할지 우왕좌왕하게 되는 것이지요. 대화도 단계적으로 진행되어야 내 감정을 더 효과적으로 전달할 수 있습니다.

말하는 사람은 사실에, 듣는 사람은 감정에 더 치중해서 대화하는 연습을 한번 해 보세요. 말하는 사람은 좀 더 차분히, 듣는 사람은 좀 더 과장되게 반응한다면 더 위로받고 공감받을 수 있겠지요. 평소에 감정과 상황을 분리해서 전달하는 연습을 하게 되면, 아이는 자신이 처한 상황에서 감정을 더 정확하게 바라볼 수 있습니다. 격동의 반응은 더한 격동의 감정을 불러오고, 그렇게 감정 자체에 휩싸이다 보면 자신의 감정을 차분히 들여다볼 수 없게 됩니다. 감정을 표현하는 데도 적절한 방법이 분명 있습니다.

자신의 감정과 기분을 먼저 말했을 때도 다음의 상황을 설명할 때는 이렇게 분리해서 말하면 자신의 감정을 더 적절히 전달할 수 있습니다. 뒤에 설명하는 상황이 앞에 말한 감정에 대한 충분한 근거로써 이미 작동하고 있으니까요. 이는 어른들 사이의 대화에서도 아주 유용하고 적절한 방법입니다.

◎ **Check Point!**

1. 평소에 자신의 감정을 표현할 때 감정과 상황을 분리해서 말하는 연습을 시켜 보세요.
2. 감정을 말할 때는 감정에만 초점을 두고 상황을 말할 때는 상황에만 초점을 두어 말하면, 상황 자체에 대해 더 객관적으로 바라보게 되고 자신의 감정을 조율하기가 쉬워집니다.

감정에
이름 붙여 주기

심리학자들은 내 상태를 정확히 알아차리기 위해서는 내가 느끼고 있는 감각들에 대해 레이블링(labeling)을 해야 한다고 말합니다. 감각에 대해 이름을 붙이고 그 감정을 알아차려 주는 것이지요. 그렇게 하면 감정이 일었을 때 당황하지 않고 안정된 호흡을 할 수 있고, 대뇌 피질이 활성화돼서 마음의 공간이 넓어지고 여유를 찾을 수 있다고 합니다. 그리고 자신의 태도를 분명히 결정할 수 있고, 그것을 증폭시키는 극단적인 생각이 아니라, 그럴 수 있다는 인정의 태도를 가질 수도 있게 되지요.

잘 모르는 사람 앞에서는 긴장하게 되고, 낯선 사람을 보면 피하게 되는 것이 당연합니다. 모호하고 모르는 대상에는 불안감을 느낄 수밖에 없습니다. 인간의 뇌는 낯선 것에 대해 위험을 느끼도록 프로그래밍 되어 있습니다. 아주 오래전부터 위험에 대한 경고는 생존을 위한 방편이었기 때문이지요. 우리의 유전자가 그렇게 형성되었다는 뜻입니다.

감정에 이름 붙이기

감정에 대해서도 마찬가지입니다. 내가 지금 느끼는 이 감정이 무슨 감정인지 모르는 상태에서는 아이들은 쉽게 불안해지고, 감정 앞에서 속수무책이 될 수밖에 없습니다.

특히 저학년 아이들은 감정에 이름을 붙이는 것이 더 어려울 수 있습니다. 그럴 때 엄마는 "네가 느끼는 감정은 두려움이라고 해, 네가 느끼는 감정은 분노라고 해." 이렇게 명시적으로 감정의 이름을 알려주어야 합니다. 그리고 아이가 학년이 더 올라가고 자신의 감정을 알아차리기 시작하면 "그래서 네가 지금 느끼는 감정이 어떤 거야?"라고 물어보면서 자신이 느끼는 감정의 이름을 스스로 말할 수 있게 합니다.

감정 코칭을 개발한 미국의 심리학자 존 가트맨(John Gottman) 박사는 감정에 이름을 붙여 주는 것을 "감정이라는 문에 손잡이를 달아 주는 것이다."라고 말합니다. 감정이 밖으로 나올 수 있게 이름이라는 손잡이를 달아 준다는 의미이지요. 손잡이가 없는 문은 열기가 너무 힘드니까요.

이렇게 감정에 이름을 붙이는 행위 자체가 감정이 마음 밖으로 나올 수 있게 해 줍니다. 모호한 감정이 분명해지고, 그래서 그 감정을 어떻게 처리하면 좋을지에 대해서도 생각하게 됩니다.

감정을 알면 다르게 생각할 수 있다

우리의 뇌에서 감정은 주로 우뇌에서 담당하고, 이성적인 사고는 좌뇌에서 담당한다고 알려져 있는데요. 감정에 이름을 붙이는 것은 언어적 처리를 담당하는 좌뇌의 몫인 셈이죠. 즉, 이름을 붙이는 것은 우뇌와 좌뇌의 가교 역할을 하게 하고, 우뇌가 보내는 신호를 좌뇌가 알아차리게 하고 처리하게 하는 것입니다.

감정에 이름을 붙이면, 막연했던 감정들이 분명해지면서 마음이 한결 가벼워집니다. 감정이 불편해지면 그로 인해 머릿속이 혼란스러워지는데, 그것을 분명히 규정해 주지 않으면 "요즘 왜 이렇게 기분이 나쁘지?" 이렇게만 표현할 수밖에 없고, 감정은 점점 더 모호해질 뿐입니다. 그래서 "아, 내가 불안해서 요즘 계속 기분이 나빴구나." 이렇게 감정에 이름을 붙여 보는 것이지요.

자신의 감정을 정확히 알아차리고 그에 합당한 이름을 붙이게 되면 "잘하려는 부담이 커서 심장이 떨리고 있어.", "지금 내 신체가 실전을 위해 준비를 하고 있구나." 하는 식으로 자신에게 일어나는 상태를 더 잘 인지하고 받아들일 수 있게 됩니다. 에너지를 바깥으로 분산시킬 수 있고요.

또한 이름을 붙이면 왜 그러한 감정이 들었는지 생각하게 되고, 비합리적인 생각은 수정할 수 있습니다. 친구가 약속 시간에 늦어 짜증이 날 때, 그 짜증은 친구가 나를 무시하고 나를 배려하지 않는다는 생각에서 비롯된 짜증일 수 있습니다.

그렇다면 실제로 친구가 나를 무시해서 약속 시간에 늦는 것일까요? 사정이 있어서 늦는 것은 아닐까요? 이처럼, 어떠한 감정이 드는 것이 사실에서 출발한 것이 아니라 나의 생각에서 비롯되었다는 것을 알아차릴 수 있고, 약속 시간에 늦는 친구와 문제를 잘 해결할 수도 있겠지요.

감정을 알아차리고 명확히 하는 과정을 거치면 다음에 비슷한 감정을 느꼈을 때 감정을 잘 정리하고 적절한 방법으로 처리할 수 있게 됩니다. 그렇게 되면 굳이 감정을 행동으로 표출할 필요성 자체가 감소되지요. 아이가 감정 안에서 무작정 휩쓸려 다니는 무력한 상태를 끊어 내고 빠져나올 수 있도록 도와주는 것입니다.

◎ **Check Point!**

1. 감정에 이름을 붙이면 모호한 감정이 분명해집니다.
2. 감정이 어디에서부터 비롯되었는지 발견하게 되고, 이후에 그 감정을 어떻게 처리할 수 있을지 생각할 수 있습니다.

아이에게도 균등하게 발언권 주기

TV 리얼리티 프로그램에서 한 가정의 모습을 보여 주었습니다. 아버지는 무척 권위주의적이고 강압적이었습니다. 일방적으로 자신이 지시하면 아이들은 따라야 하는 게 당연하다고 생각했지요. 미국에서 유학하던 아이들이 잠깐 집에 왔을 때 아이들은 그런 아버지와 종종 부딪치곤 했어요. 미국에서는 어른과 아이 사이에 자유롭게 의견을 교환하는 게 자연스러운 일이었기 때문에 아버지의 말에 아이는 자신의 의견을 말하곤 했죠. 그럴 때마다 아버지는 아빠 얼굴을 똑바로 쳐다보면서 버릇없이 이야기한다고 아이를 나무랐습니다. 결국 아이는 아버지 앞에서 무엇을 어떻게 표현해야 할지 난감해했습니다.

1990년대가 아닌 21세기의 모습입니다. 아직도 많은 가정에서 부모는 아이에게 지시와 훈계를 주로 하고, 그에 아이가 바로 순응하지 않으면 아이는 순간 버릇없는 아이가 되고, 혼이 나기도 합니다. 특히, 권위주의적인 가정에서 자란 아버지들에게 이러한 모습이 되풀이되는 경우가 많습니다. '나는 내 아버지처럼 그러지 말아야지….' 하면서도 아버지의 모습을 닮아 그렇게 하고 있는 것이지요. 그래서 아이들은 아버지를 꺼리게 되고, 나중에 대화를 해야지 하면 아이들은 훌쩍 커 버리고 때는 이미 늦게 됩니다.

10대들에게 발견되는 심리적 문제의 원인은 대부분 그들의 환경과 관련이 있습니다. 특히, 행동상의 문제를 겪고 있는 아이들의 경우, 굴욕적이거나 화난 방식으로 명령을 내리는 경향이 있는 매우 비판적인 부모 밑에서 자랐을 가능성이 높다는 연구 결과가 있습니다.

모든 대화는 평등해야 한다

우리가 누군가와 대화를 한다는 것은 동등한 위치에서 동등한 양으로 대화를 해야 한다는 뜻일 겁니다. 친구와 만났는데 내가 일방적으로 듣고만 있는 관계는 나의 희생을 철저히 강요하는 관계이며, 남자 친구가 잘못을 해도 사과를 전혀 받지 못하는 관계 속에서 여성은 주체로서 자리 잡을 수 없게 되지요. 아이도 마찬가지가 아닐까요? 물리적인 시간의 양도 동등해야겠지만, 감정도 서로 동등한 위치에서 균등하게 나누어야 하는 것이지요.

무엇보다 아이는 잘못을 빌고, 부모는 여전히 잘못을 말하지 않는 경우가 많습니다. 이는 아이는 부모에게 절대적으로 종속된 존재라는 것을 보여 주는 것밖에는 되지 않습니다. 분명 아이 입장에서는 미안하다는 이야기를 들을 만한 일이었지만, 부모는 그에 대해 사과하지 않으니 아이가 얼마나 억울할까요. 부모와 자녀가 균등해진다는 것은 부모가 자녀에게 사과하는 것으로 완성된다고 해도 과언이 아닙니다. 부모가 사과를 하지 않으면 힘 있는 사람은 사과할 필요가 없다는 것만 가르치는 것이고, 부모 자식 사이도 힘의 논리가 지배되는 관계라는 것만 증명할 뿐이니까요.

아이에게 사과하는 것은 부모가 자신의 행동에 책임을 지는 것을 보여 주는 것입니다. 아이에게 실수를 저지른 것, 실망시킨 것에 사과를 함으로써 어렸을 때부터 사과하는 법을 아이들에게 가르치면 아이들은 공감을 더 잘하게 됩니다. 또한 아이들이 자신의 행동에 책임을 지고 스스로를 통제할 수 있도록 도와줍니다.

MIT의 집단지성연구센터의 연구에 따르면, 성공하는 팀들의 핵심적인 특징은 구성원들의 동등한 발언의 양과 타인의 감정을 잘 알아차리는 사회적 감수성에 있다고 합니다. 이는 팀뿐만 아니라 가정과 학교에도 적용되는 연구 결과입니다. 아이와 부모 사이, 아이와 교사 사이에도 동등한 발언의 양과 서로의 감정을 잘 알아차리는 사회적 감수성을 가진다면 행복한 가정, 행복한 교실이 될 것입니다.

엄마와 아이가 함께하는 감정 수업은 동등한 발언의 양을 가질 수 있는 데도 도움이 됩니다. 아이와 서로의 감정을 포착하고 이를 표현하고 공감해 주는 모든 과정이 동등한 발언의 양을 가능하게 해 주는 것이기도 하지요. 자신뿐만 아니라 타인의 감정을 잘 알아차려서 사회적 감수성이 높아지는 것은 말할 것도 없고 말입니다.

◎ **Check Point!**

1. 부모도 사과할 수 있어야 아이와 균등한 관계를 이룰 수 있습니다.
2. 행복한 가정과 학교, 사회를 위해서는 구성원의 동등한 발언의 양, 타인의 감정을 잘 알아차리는 사회성 감수성을 갖추어야 합니다.

회피하지 않고
인정하기

"아빠는 늘 나보다 동생을 더 예뻐해."

"내가 언제 그랬어?"

"맨날 동생을 더 많이 안아 주잖아."

"너도 어렸을 땐 많이 안아 줬어."

"나는 기억도 안 나. 그리고 그때 안아 준 게 뭐가 중요하고 무슨 소용이 있어? 지금 동생을 더 예뻐하고 편애하는데?"

이 대화의 끝에서 아이의 감정은 어땠을까요? 아이는 울먹였을 수도 있고, 더 화가 났을 수도 있고, 동생과 아빠 모두가 더 미워졌을지도 모르겠습니다.

사실 이 이야기는 저희 가정에서 일어나는 초등학교 4학년 아이와 아빠의 일상적인 대화 패턴입니다. 아이는 늘 아빠의 행동을 문제 삼고, 아빠는 늘 도망가고 부정하기 바쁘지요. 그러다 보니 아빠에 대한 아이의 서운함은 묵살당하기 일쑤고, 아이는 아빠에 대한 감정이 도무지 해결이 되지 않은 채로 남아 있습니다. 그러니 아이로서는 불만이 계속 쌓이고, 동생을 사랑하면서도 미운 양가감정에 더 휩싸이게 되지요.

아이의 감정 인정해 주기

이때 아빠는 아이의 감정을 있는 그대로 인정해 주는 것이 중요합니다. 두 아이에 대한 사랑의 무게가 달라서가 아니라고 변명하는 대신, 그냥 그날의 행동이 그러했다고 솔직히 시인하는 것입니다.

"아빠는 늘 나보다 동생을 더 예뻐해."
"아빠가 그런 것처럼 느껴졌어?"
"맨날 동생만 더 안아 주잖아."
"아빠가 생각해 보니까, 오늘은 동생을 더 많이 안아 줬네. 아빠가 너보다 동생을 더 예뻐해서 그런 건 아니지만, 네가 그렇게 생각했을 수도 있겠다."

더 이상 아이는 다른 말을 이어 가지 않았습니다. 평소에 억울하고 화난 심정을 계속 어필했는데도 아빠가 부정하고 회피했을 때는 대화가 끝이 날 줄을 몰랐습니다. 결국 아이가 그냥 그날은 접고 말자 다짐해야 대화가 끝이 났지요. 사실 대화가 아니라 한 사람의 원성이었고요. 하지만 아빠가 인정을 하자 더 이상 아이의 감정은 격해지지 않고, 길었던 원성이 짧아졌습니다.

아이의 불만에는 이유가 있다

우리는 누군가 나에게 어떤 불만을 말하거나 원망을 드러내거나 무언가 잘못을 들추어내려고 하면 본능적으로 도망가고 싶어 합니다. 그렇지 않으면 반대로 공격을 하고요. 도망갈 때는 도망가는 사람 한 사람만 힘들지 모르지만, 만약 공격을 하면 두 사람 모두 힘들어지지요. 그런데 우리가 오해하고 착각하는 것이 있습니다. 상대가 불만, 원망을 토로하면 그것이 꼭 나의 잘못을 지적하기 위한 것이라고 여긴다는 점입니다. 그렇기 때문에 도망을 가거나 공격을 하는 반응을 보이는 것이지요.

그런데 다시 가만히 생각해 보면, 아이가 부모에게 쏟아 내는 불만과 원망이 부모를 이상한 사람으로 몰아가기 위함일까요? 자신의 상한 마음과 상처를 봐 달라는 요구와 요청이 아닐까요?

그리고 아이가 일상에서 반복되는 패턴으로 똑같은 주제의 말을 계속하고 있다면, 그만큼 그것이 아이의 마음을 짓누르고 있고, 지금 아이를 가장 힘들고 혼란스럽게 하고 있다는 의미일 것입니다. 부모는 이러한 아이의 마음을 반드시 어루만져 주어야 합니다. 자신이 그러했음을, 그래서 네가 상처받았을 수 있음을 시인하는 것으로 말입니다.

단, '오늘은', '지금은', '방금은' 등 이 순간에만 부모의 마음이 그러했다는 것을 강조해 주세요. "오늘은 엄마가 동생보다 너한테 짜증을 더 많이 냈네.", "생각해 보니, 엄마가 네 말대로 방금은 그런 식으로 너를 대했네." 하는 식으로 말이지요. 그렇지 않으면 엄마는 원래 나만 미워하는 사람이 될지도 모릅니다.

누군가가 어떤 감정을 느끼고 표현했다면 그럴 만하기 때문입니다. 그것이 나의 감정이 아니기 때문에 그냥 부정하고 마는 것은 그 사람의 감정이 틀렸음을 말해 주는 것밖에는 되지 않습니다. 재빠른 인정은 아이의 감정을 누그러뜨리고, 아이의 마음에 좌절감을 심어 주지 않습니다. 특히, 아이가 자꾸만 이야기하는 것이 있다면 더 이상 늦지 않도록 너의 마음은 당연하다고 말해 주세요.

◎ **Check Point!**

1. 아이가 자신의 불만을 표현할 때는 상황을 회피하는 것보다 시인하는 것이 더 좋습니다.
2. 아이의 감정은 인정해 주되, 부모의 마음이 원래, 늘 그렇기 때문에 너를 그렇게 대한 것이 아님을 강조해 주세요.

경계 짓기

예전에는 모든 힘이 위에서 아래로 이동했습니다. 힘의 중심점이 위에 집중되어 있는 조직 중심의 생활 양식이 당연시되었으니까요. 그에 반해 앞으로의 사회는 나를 중심으로 바깥쪽으로 힘이 분산되는 사회 시스템이 자리 잡을 것입니다. 그러므로 개개인이 자신의 중심을 얼마나 잘 지키고 있느냐가 개인의 성장과 성공 여부를 결정하게 됩니다.

중심을 지킨다는 것은 나와 타인의 경계를 분명히 할 수 있으면서도 유연하게 경계 간 이동을 할 수 있는 능력을 말합니다. 스스로를 보호하는 경계선과 남을 보호하는 경계선을 잘 지키면서도 타인과 조화로운 삶을 사는 것, 즉 자신을 보호하면서도 얼마나 멀리까지 자신을 밀어낼 수 있는가를 의미합니다.

자신을 지키면서도 자신을 세상 밖으로 멀리 밀어내기 위해서는 자신을 잘 알아야겠지요. 그래야 타인과의 삶도 조화로워지고, 우리가 마주하게 되는 경계의 의미를 이해할 수 있으니까요.

선을 지키는 사람, 선을 넘는 사람

우리는 나의 경계선을 누군가에게 침범당하면 분노합니다. 그런데 경계의 의미 자체가 성립되어 있지 않은 사람은 남의 경계를 수시로 침범하면서 그것이 침범인지조차 모르는 실수를 범합니다. 남의 감정을 함부로 건드리고, 감정적 희롱과 폭력을 아무렇지 않게 행사합니다. 이는 자기애가 결핍되었다는 것을 보여 주는 것입니다.

자신을 사랑하고 잘 지켜 왔던 사람은 다른 사람들의 다양함도 인정할 줄 알며 각자마다 자신만의 정신적 역린이 있다는 것도 이해하게 됩니다. 또한 경계가 있는 사람은 마음에 드는 것과 마음에 들지 않는 것을 당당하게 이야기할 줄 압니다. 내가 어느 정도까지는 참을 수 있고 참을 수 없는지, 무엇을 좋아하고 싫어하는지 감정에 대한 감각이 열려 있는 것이지요.

우선, 가족 공동체 내에서 이러한 경계를 세우고 서로의 경계를 침범하지 않는 연습이 되어야 다른 인간관계에도 적용할 수 있습니다. 특히, 대한민국은 이러한 경계에 대한 의식이 거의 없는 나라이며, 가족뿐만 아니라 사회 공동체에서도 수시로 남의 경계를 침입하고 무너뜨립니다.

부모와 자식 사이도 사실 낱낱이 따져 보면, 타인 대 타인의 관계입니다. 그렇기에 서로 간에 경계를 침범하지 말아야 하지만, '다 너를 위한 것'이라는 말로 이러한 경계들은 무너지기 일쑤이죠. 그런데 가족 간에 이러한 경계를 세우지 않는다면 아이는 늘 자신의 인격이 무시당하고 있다고 느끼게 됩니다. 가족 관계는 권력관계이자 상하 관계처럼 기능해 왔기 때문에 어쩔 수 없는 것으로 합리화되곤 했지만, 경계를 치지 않는 대가는 자칫 폭력으로 이어질 수 있고, 아이는 권리를 포기하는 데 익숙해집니다.

존재를 인정하는 경계의 기술

그렇다면 우리가 서로의 경계를 확인하고, 분명하게 경계선을 긋기 위해서는 서로의 사정을 알아야겠지요. 아이와 함께 각자의 리스트를 작성해 보세요. 자기가 가장 좋아하는 상황과 가장 싫어하는 상황, 가장 좋아하는 말과 가장 싫어하는 말 등등 좋아하는 항목과 싫어하는 항목을 각각 적어 봅니다. 엄마와 아이가 함께 이러한 리스트를 작성하고 서로 나누어 봅니다.

경계를 세우기 위해서는 아이가 싫어하는 상황과 말들이 어떤 것인지 꼭 확인을 해야 합니다. 그리고 아이에게는 엄마에게 들어서 가장 상처가 되었던 말도 함께 적게 합니다. 아이의 상처를 미처 몰랐거나 그때 사과하지 못했다면 아이가 말을 끝내자마자 사과를 하는 것이 좋습니다.

아이의 이야기가 끝나면, 엄마는 그와 반대로 아이와 함께했던 일 중 가장 행복하고 기분 좋았던 일을 적습니다. 왜냐하면 아이가 상처가 되었던 일을 이야기하려면 그때의 상황을 떠올릴 수밖에 없으니, 엄마가 좋은 일을 이야기하는 것으로 마무리를 하고, 조금 전의 사과와는 반대로 꼭 고맙다는 말을 해 주세요. 그래야 의미 있고 긍정적인 정서를 가지고 대화를 끝낼 수 있습니다.

그리고 서로의 정보를 알았으니, 이제부터는 각자의 경계선을 지켜 주고 함부로 침범하지 않는 것이 무엇보다 중요하겠지요.

경계선의 효과는 감사와 사과를 해야 할 상황에서 가장 극명하게 드러납니다. 경계선이 없는 관계는 사과해야 할 때 사과할 줄 모르고 감사해야 할 때 감사할 줄 모릅니다. 그러나 이렇게 부모와 자녀 사이에 분명한 경계선을 짓고 인격 대 인격, 자아 대 자아로 만나는 경험을 한 아이는 세상에 나가서도 자신을 지키면서 타인과 교류하는 방법을 터득하게 됩니다.

◎ **Check Point!**

1. 아이와 함께 경계 짓는 연습을 하고, 서로의 경계를 함부로 침범하지 않도록 합니다.
2. 각자가 가장 좋아하는 상황과 가장 싫어하는 상황, 가장 좋아하는 말과 가장 싫어하는 말을 적어서 나누고, 아이가 가장 상처받았던 말과 상황에 대해서도 나눕니다. 그리고 엄마가 아이와 함께해서 가장 행복했던 때를 나누는 것으로 대화를 마무리합니다. 이때는 사과와 감사의 표현을 같이 해 주세요.
3. 경계를 지을 줄 아는 아이는 자신을 사랑하면서 다른 사람들의 다양성도 인정할 수 있습니다.

다가가는
대화하기

우리가 사용하는 대화에는 서로에게 '다가가는 대화'가 있고 '멀어지는 대화'가 있습니다. '다가가는 대화'는 공감과 경청을 바탕으로 감정을 수용하는 대화이지만, '멀어지는 대화'는 비난하고 경멸하거나 자신의 입장을 방어하기에 급급하다든지 무관심한 태도로 담을 쌓는 등의 대화를 말합니다.

멀어지는 대화 중 특히 '경멸'의 말은 육체적인 질병을 초래할 정도로 강력하게 나쁜 영향을 미칩니다. 존 가트맨(John Gottman) 박사는 경멸의 말을 상대의 몸에 황산을 뿌리는 것과 같은 영향을 미치는 독과 같은 말이라고 표현했지요. "주제 파악이나 해", "너 제정신이니?", "네

동생 반만이라도 해라, 제발." 등등이 경멸적인 말에 해당합니다. 이런 말을 들었을 때 아이는 모멸감과 모욕감을 느끼게 됩니다. 이러한 말에 오래 노출된 사람은 4년 안에 감염성 질병에 걸린다는 연구 결과까지 있을 정도입니다. 아이에게 가장 해서는 안 되는 말이지요.

'비난'도 이에 못지않습니다. "넌 어째서 맨날 그 모양 그 꼴이야.", "네가 하는 일이 항상 그렇지." 등등 맨날, 항상, 늘 등의 수식어가 붙고, 너는 원래 그렇게 구제 불능이라는 꼬리표가 따라붙습니다. 아이는 곧 무기력해지겠지요. 맨날 그 모양 그 꼴인 아이가 무엇을 더 할 수 있을까요?

앞에서도 잠깐 소개했지만, '방어'를 일삼는 것은 아이의 반발심을 자극합니다. "내가 언제 그랬어?", "이게 다 네가 잘되라고 그러는 거야." 등의 말로 상대의 감정을 부정하거나 회피할 때가 있습니다. 이렇게 되면 아이는 마음의 문을 닫고 더 이상 부모와 대화하는 것을 꺼리게 될 거예요.

마지막으로 상대의 말을 무시하거나 아무런 반응을 하지 않는 것을 '담 쌓기'라고 하는데요. 아이가 무슨 말을 해도 반응하지 않거나, 아이 쪽으로 고개를 돌리지 않거나 몸을 향하지 않는 것이지요. 아이가 뭘 물어봐도 대꾸하지 않고 어떤 이야기를 해도 무관심한 반응을 보이면 아이는 늘 자신이 거부당하고 있다고 느낄 것입니다. 주눅 들고, 포기하고, 체념하게 되겠지요.

멀어지는 대화에서 다가가는 대화로

　이러한 대화들은 결국 아이와의 관계를 망치게 되고, 아이의 자존감을 무너뜨리게 됩니다. 매일 이러한 말을 하는 게 아니라 화가 났을 때 어쩌다 한 번 이런 말을 한다고 안위하는 부모들도 있을 겁니다. 하지만 그 모든 개개의 역사들은 아이의 마음에 남게 되고 상처가 됩니다. 때로는 아이 스스로 엄마의 말을 이해한다고, 괜찮다고 말할 때조차 결코 괜찮지 않을 때가 많습니다.

　아이는 누군가가 자신에게 해 주는 말을 먹고 자란다고 해도 과언이 아닙니다. "너는 참 괜찮은 아이야."라는 말을 듣고 자란 아이는 괜찮은 사람이 되기 위해 더 노력하겠지요. 그래서 어렸을 때부터 아이가 가고자 하는, 되고자 하는 방향의 말을 해 주라는 말이 괜히 있는 것이 아닙니다. 하버드 대학교의 사회 심리학과 교수인 로버트 로젠탈(Robert Rosenthal)은 이를 실험으로 증명하기도 했지요. '저 학생은 비범하다.'라는 교사의 기대와 격려가 학생들의 성적을 올리는 결과를 낳았다고 합니다. 이를 '로젠탈 효과' 혹은 '피그말리온 효과'라고 부릅니다. 기대하고 관심을 보여 주는 말이 아이를 성장시킬 수 있다는 것이지요.

　좋은 대화는 감정을 공유하는 대화입니다. 서로에게 질문을 하면서 대화를 유도하고, 상대의 말을 경청하며, 때로는 적절한 순간에 대화를 중단할 수도 있어야 합니다. 그리고 손을 잡거나 포옹하는 것까지도 대화에 포함됩니다.

가장 우선적으로 '경청'하는 법부터 배워야 합니다. 특히 아이를 향해 얼마만큼 몸을 틀고 있는지, 거리는 어느 정도를 유지하고 있는지, 시선은 잘 맞추고 있는지 등에 주의를 기울여야 합니다. 엄마가 아이의 말을 잘 듣고 있다는 것을 보여 주기 위해, 가끔은 아이의 말을 요약하거나, 정확하게 이해했는지 다시 물어보기도 해야 하고요.

다가가는 대화의 가장 큰 이점은 아이에게 긍정적인 자아상을 심어 주고 공감 능력을 키워 준다는 데 있습니다. '공감'은 감정적으로 다른 사람을 이해하는 능력입니다. 이는 곧 건강한 관계의 시발점이 되고요. 모든 사랑은 대화에서 시작해 대화로 완성됩니다. 부모와 자녀 사이의 대화도 마찬가지입니다.

◎ **Check Point!**

1. 비난, 경멸, 방어, 담 쌓기의 대화 대신 경청, 공감, 수용하는 대화를 시도해 보세요.
2. 경청으로 다가가는 대화를 먼저 시도합니다. 몸을 튼 각도, 아이와의 거리, 눈높이 등에 신경 쓰는 것이 경청의 첫 단계입니다.
3. 다가가는 대화는 아이의 공감 능력을 키워 줍니다.

· 4장 ·

"아이의 자존감부터 엄마의 불안감까지"

엄마와 아이가 행복해지는 감정생활

엄마의 감정을
먼저 돌보기

사람마다 '감정의 나이'를 가지고 있습니다. 우리 내면에는 각자가 다양한 내면의 나이를 갖고 있는 것이지요. 특히 애정 및 정서적 결핍은 우리를 특정 나이대에 갇히게 합니다. 상처받은 내면아이는 중독과 강박 등의 문제를 일으킵니다. '상처받은 내면아이'는 어릴 때 부모에게 인정과 사랑을 받지 못해서 무의식에 그림자로 남아 있는 욕구와 감정을 말합니다.

무엇보다 해결되지 않은 어린 자아의 상처를 제대로 치유하지 않으면, 나의 내면아이가 나의 자녀를 괴롭힐 수도 있습니다. '너는 복에 겨워서 이런 걸로 투정을 부리는구나.' 내가 내 아이를 보며 문득 그런 생각을 하게 됩니다. 내 마음속 어린아이가 나의 아이를 보며 질투하기도 하고, 충돌하기도 하는 것이지요.

특히 아이를 키울 때 분노가 반복적으로 일어난다면, 그것은 대체로 상처받은 내면아이가 있기 때문입니다. 어린 시절에 받은 상처는 몸과 무의식에 남아 있지만, 의식적으로는 인지할 수 없어 일상이 불안한 것입니다.

아직까지 우리 사회는 엄마가 주 양육자인 경우가 더 많기 때문에 아빠의 정서적 결핍보다 엄마의 정서적 결핍이 아이에게 영향을 미칠 확률이 더 높습니다. 그렇기 때문에 엄마는 반드시 한번은 자신의 상처를 헤집어서 치유하는 시간을 갖는 것이 좋습니다. 부부가 다 같이 정서 결핍의 상태이면 아이에겐 너무나 위험합니다. 부부 사이에도 걸림돌이 되고 말이지요.

내 안의 내면아이 보듬기

내면아이의 상처를 치유하기 위해서는 어린 시절에 받은 상처를 자각하고 해결되지 않은 감정을 직면해야만 합니다. 이를 자꾸만 억압하거나 인지하지 못하고 지내면 같은 문제가 반복해서 일어나게 됩니다. 이제라도 어린 자아의 상처는 충분히 치유할 수 있습니다.

하지만 저절로 나아지지는 않습니다. 분명한 노력이 있어야 가능한 일이지요.

그 아이가 자신의 목소리를 분명히 낼 수 있도록 도와야 합니다. 가장 잊히지 않는 기억, 씻을 수 없는 상처 등을 준 부모에게 가장 먼저 용서와 사과를 요구해야 합니다. 보통 이러한 말을 하면 부모님의 마음을 아프게 할 거라는 죄책감 때문에 혹은 자신의 말을 순순히 받아 주지 않을 것 같아서 지레 포기하는 사람들이 있습니다. 부모님이 사과를 하지 않아 실망할 때 하더라도 이 과정은 반드시 필요합니다. 정서적 결핍은 아이에게 치명적 상처를 남길 수 있고, 그대로 대물림되니까요. 이러한 대물림은 3대에 걸친 후손에게까지 이어질 수도 있습니다.

부모에게 직접적으로 사과를 받은 다음에 할 수 있는 좋은 방법은 글을 쓰는 것입니다. 상처받은 그 아이가 자신의 이야기를 할 수 있게 하는 가장 좋은 방법입니다. 그 아이에게 편지를 써도 좋고, 글쓰기 플랫폼, 블로그 등에 노출하여 공적인 글을 써도 좋습니다. 부끄럽겠지만 여러 사람들에게 위로받을 수 있는 기회이자, 나의 상처를 공표하는 확실한 행위입니다. 그리고 전문 상담사에게 상담을 받는 등 좀 더 적극적으로 노력하면 훨씬 좋을 거고요. 어떤 방법으로든 어린 자아가 최대한 감정을 표현하게 해야 합니다.

'엄마 스트레스' 푸는 법

엄마라는 자리는 번아웃을 겪기에 안성맞춤인 자리입니다. 아빠와는 달리 사회적인 자아를 잃어버리기도 쉽지요. 특히 전업주부들은 사회적인 기능을 할 기회를 제대로 갖지 못하기 때문에 남들을 위한 역할만 남게 되기 일쑤입니다. 채우는 에너지는 별로 없고, 밖으로 내보내야 하는 에너지만 많으니까 끊임없이 정서적 피로에 시달리는 것이지요. 정신적으로 지치면 감정을 회피하거나 부정하게 되고, 무기력함을 느끼게 됩니다. 그러니 아이의 감정 역시 받아 줄 힘이 없게 됩니다.

평상시에 갖게 되는 정서적 피로에 대처하기 위해서는 가벼운 운동을 하는 것이 좋습니다. 어디에 가려면 시간을 따로 내야 하고 운동복도 갖추어야 하고 귀찮을 때가 있습니다. 그래서 가볍게 산책하는 것을 권합니다. 육체적 건강은 슬픔과 죄의식이 사라지는 데 도움을 줍니다. 엄마들은 지나간 슬픔과 아이에 대한 죄의식으로 마음이 힘들 때가 많으니까요.

마음의 문제는 마음먹어서는 절대 풀 수 없습니다. 마음을 단단히 먹어서, 의지로 풀겠다고 다짐하는 순간 마음속에 더 갇히게 됩니다. 심리학자들 대부분이 마음의 문제를 몸으로 풀라고 합니다. 그러니 하루 30분 정도만이라도 밖에 나가서 산책하는 것으로 번아웃을 막아야 하는 것이지요.

또한 건강한 식단은 스트레스나 불안에 긍정적인 효과를 줍니다. 남편이나 아이들보다 엄마가 가장 잘 먹어야 가정이 건강해집니다.

엄마의 내면아이를 치유하고 평소의 정서적 피로에 대처하면서 엄마 자신을 가장 먼저 살피고 돌봐야 아이들에게도 에너지를 나누어 줄 수 있습니다.

◎ **Check Point!**

1. 엄마 마음속 내면아이의 상처를 치유해야 아이에게 정서적 결핍이 대물림되지 않습니다.
2. 글쓰기, 상담, 산책, 건강한 식단 등으로 내면아이를 돌보고 정서적 피로에 대처하세요.

아이의 기질
이해하기

부부간에도 궁합이 있듯이 부모와 자식 간에도 궁합이 있습니다. 아이와 좀 더 잘 맞는 부모가 있고, 잘 맞지 않는 부모가 있는 것이지요. 이럴 때는 아이와 궁합이 좀 더 잘 맞는, 아이와 비슷한 기질을 가진 부모가 아이와 대화를 더 많이 하는 것이 좋습니다. 서로 맞지 않아서 생기는 충돌과 다툼이 많아지거든요.

토마스와 체스(Thomas&Chess)라는 학자는 이를 '조화 적합성'의 개념으로 설명합니다. 아이가 타고난 기질과 부모와의 양육 태도가 조화를 이루는 경우를 말합니다. 부모와 아이 사이의 소통의 하모니를 이르는 것입니다.

그렇다고 해서 아이가 한쪽 부모하고만 계속 대화하고 교류할 수만은 없는 노릇입니다. 기질이 다른 부모와도 이야기하고, 어떻게 하면 서로를 이해하면서 문제를 해결할 수 있는지도 배워야 하니까요. 그래야 사회에 나가서도 자기와 잘 안 맞는 사람과의 관계도 그냥 포기하거나 망쳐 버리는 것이 아니라, 더 적응적으로 관계를 풀어 나갈 수 있을 것입니다.

같은 부모에게서 태어난 형제와 자매라도 어떤 아이는 엄마의 말에 상처를 받는가 하면 어떤 아이는 아무렇지도 않을 수 있습니다. 더 예민한 아이가 있고, 둔감한 아이도 있지요. 행동파가 있고, 숙고파가 있고요. 이는 사람마다 타고난 기질이 다르기 때문에 나타나는 결과입니다.

따라서 아이의 기질을 알고 부모가 그에 맞는 양육과 교육의 태도를 갖는 것이 중요합니다. 기질과 양육 태도가 얼마나 조화를 이루느냐에 따라 아이의 이상적인 발달과 성장이 가능해집니다.

'기질'이란 유전적인 것으로 타고난 특성이고, 이러한 기질과 환경을 근간으로 형성되는 것이 '성격'입니다. 즉, 기질은 고정불변의 것이며, 성격은 변화 가능한 것이지요. 토마스와 체스는 기질을 순한 아이, 까다로운 아이, 느린 아이로 구분하고, 나머지를 복합형으로 나누었습니다.

순한 아이, 까다로운 아이, 느린 아이

　순한 아이는 규칙성이 높고, 긍정적인 기분을 자주 느끼며, 낯선 상황에서도 긍정적입니다. 이렇다 보니 키우기에는 수월해 보이지만, 자칫 부모에게 이끌려 다닐 수 있고, 대부분의 결정을 본인이 아닌 주변인이 할 가능성이 큽니다. 부모가 대화도 잘하고 아이를 평등하게 대한다면 크게 문제가 생기지 않겠지만, 만약 부모가 권위주의적이고 강압적이라면 아이는 스트레스를 많이 받게 됩니다. 크게 불평불만을 쏟아 내지도 않고 겉으로 표현도 하지 않으면서 혼자 참을 확률이 높아 상처를 많이 받을 수 있습니다.
　이런 기질의 아이들에게는 스스로 선택할 수 있는 기회를 허락해야 합니다. 우선은 부모 말도 잘 듣고 키우기 수월해도 나중에 그 부작용이 고스란히 드러날 수도 있으니까요. 스스로의 의지로 선택하고 자신의 의견을 말할 기회를 줌으로써 나중에 아무런 저항과 거절도 못 하는 어른이 되는 것을 막아 주세요.

　까다로운 아이는 순한 아이와는 반대로 부정적인 기분에 자주 휩싸이고 낯선 상황에 부정적입니다. 따라서 환경의 변화를 자주 주는 것보다 익숙하고 편한 환경에서 자라게 하는 것이 좋습니다. 자기주장이 강하고, 엄마가 이렇게 하라고 하면 저렇게 하고 저렇게 하라고 하면 이렇게 하는 영락없는 청개구리형입니다. 틀 안에 갇히는 것을 싫어하기 때문에 활동적이면서 자유롭습니다.

　이런 아이에게 자꾸만 규칙과 규범만을 강조하면 아이는 스트레스를 많이 받게 되겠지요. 까다로워서 키우기는 힘들지만, 누구나 '예스'를 말할 때 과감히 '노'를 말함으로써 세상을 충분히 변화시키고 발전시키는 데 혁혁한 공을 세울 만한 아이들이랍니다. 그들의 모험심과 자유를 허락해 주세요. 단, 경계 없는 자유는 방종이 되어 버리니, 일정한 경계 안에서 자유를 허락하고 세상은 나를 중심으로 돌아가지 않는다는 메시지도 분명히 주어야 합니다. 물론 내가 세상을 돌아가게 하겠다고 주장할 수도 있지만요. 늘 한계가 있을 수 있음을 인지시켜야겠지요.

　느린 아이는 명칭에서 이미 알 수 있듯이, 반응 강도가 낮고, 적응이 느린 특징이 있습니다. 만약 엄마가 행동파이거나 급한 성격이라면 느린 아이를 대할 때 많이 힘들 것입니다. 엄마에겐 엄청난 인내가 요구되겠지요. 참을성이 부족하거나 바닥났을 때는 아이를 비난하거나 다른 아이와 비교하게 될 수도 있습니다. 그럼에도 '우리 아이는 느린 것이 아니라 대기만성형일 뿐이다.' 생각하면서 더 인내하거나, 그것이 도저히 안 될 경우에는 아이와 기질이 맞는 부모 중 한 명이 아이와 대화를 하는 편이 낫습니다.

느린 아이의 경우 아이와 협의해서 시간을 정한 후 그 시간 안에 숙제든, 다른 일을 할 수 있도록 해 주세요. 마냥 시간을 허락하면 아무런 진전이 없을 수 있으므로 주어진 시간 안에 과업을 완수할 수 있도록 자꾸만 노력할 수밖에 없습니다.

타고난 기질에 따라 아이들은 환경을 받아들이고 적응하는 방법도 다 다르고, 스트레스를 받아들이는 방식도 다 다릅니다. 하지만 어떠한 기질의 아이가 더 훌륭한 사람이 된다는 보장은 없습니다. 그 기질을 어떻게 잘 살려 주고, 어떻게 보완해 주느냐가 더 중요하지요. 부모와 아이 사이, 그리고 부부 사이의 기질과 성격이 어떻게 서로 다른지 알게 된다면, 그전엔 이해되지 않았던 것들을 받아들이기가 훨씬 수월해질 것입니다.

◎ **Check Point!**

1. 기질은 크게 순한 아이, 까다로운 아이, 느린 아이로 분류할 수 있습니다.
2. 기질에 따라 반응하는 속도와 유형, 스트레스에 대한 대처 방법 등이 달라집니다.
3. 아이의 기질과 부모의 양육 태도가 얼마나 조화를 이루는지에 따라 아이는 이상적으로 발달하고 성장할 수 있습니다.

닫힌 대화 말고
열린 대화로

아이가 불쾌하고 불편한 기색을 보일 때 엄마는 아이의 감정을 관찰하고 탐색해야 할 텐데요. 여러 대화를 하는 중 적절한 질문을 해서 아이의 답변을 이끌어 내야 할 때가 있지요. 얼굴 표정만 봐도 감정을 알아차릴 수 있을 때에도 직접 아이에게 감정을 물어보는 것이 좋습니다. "지금 너 화났구나?"라는 닫힌 질문 말고 "지금 어떤 기분이야?"와 같은 열린 질문으로요. 다만, 감정을 물어볼 때는 초등학교 저학년과 고학년은 조금 차이를 두고 물어보는 것이 좋습니다.

아직 감정을 분화할 수 없고 감정 자체를 적절하게 표현하지 못하는 저학년의 경우에는 지금의 감정을 물어봐도 제대로 표현하지 못할 수도 있습니다. 우물쭈물하게 되지요. 이때는 부모가 감정을 정리해 주는 것이 좋습니다. 아이가 겪은 상황의 이야기를 들어 본 후 "그렇다면 그때 화가 났던 거야, 아니면 억울했던 거야?", "엄마라면 그 상황에서 되게 불안했을 것 같은데 너는 어땠어?" 이런 식으로 감정을 압축해서 물어봐 주는 것이 좋습니다.

"그런 상황이었으면 화가 났겠네?"라는 식으로 한 가지의 감정을 단정해서 물어보는 것은 잘못된 감정을 도출할 수도 있으니 추천하지 않습니다. 두 가지 혹은 세 가지 정도를 추려서 객관식처럼 아이에게 어떤 감정인지 선택할 수 있도록 보기를 준다고 생각하면 됩니다.

아이의 반응을 끌어내는 대화법

'예', '아니오'로 답할 수 있는 것은 닫힌 질문이라고 합니다. 대한민국은 특히나 닫힌 질문이 넘쳐 나는 나라입니다. 학교 시험도 거의 닫힌 질문으로 이루어지곤 합니다. 닫힌 질문은 흑백 논리를 만들어 내는 부작용이 있고요. 그래서인지 OECD 국민성 조사에서 우리나라가 흑백 논리 1위를 차지하기도 했습니다. 또 닫힌 질문에 익숙해진 아이는 창의력과 상상력, 호기심, 깊은 통찰, 열린 사고도 할 수 없게 되므로, 평소에도 열린 질문으로 많이 질문하여 아이가 스스로 숙고할 수 있도록 해 주세요.

열린 질문은 둘 중 하나로만 대답할 수 없기 때문에 부모의 영향을 받지 않은 상태에서 다양한 방식으로 자유롭게 말할 수 있습니다. 그렇게 되면 부모의 입장에서는 아이에게서 더 많은 정보와 자료를 얻을 수 있게 되지요. 단, 말하기를 꺼려 하거나 어떻게 표현해야 할지 모를 때는 닫힌 질문을 통해서 대화를 이어 나가도 됩니다. 하지만 아이의 기분이 극도로 나쁘거나 격해 있을 때는 질문 자체가 귀찮고 고통스럽기 때문에 잠시 기분을 가라앉힐 시간을 주는 것이 좋습니다. 아이 입장에서는 부모가 자꾸만 무언가를 캐내려고 하는 것처럼 보일 수도 있고, 자기 기분을 존중하지 않는 것처럼 느껴질 수도 있으니까요.

고학년이 되면 굳이 객관식으로 축약해서 질문을 하지 않아도 자신의 감정과 기분을 말로써 표현할 수 있게 됩니다. "그래서 기분이 어땠어?", "그때 감정을 조금 더 구체적으로 말해 줄래?", "그래서 어떻게 됐어?", "그런 말을 듣고 너는 어떻게 하고 싶었어?", "그 순간의 감정을 맛이나 날씨로 말하면 어떻게 표현할 수 있을까?" 등의 질문으로 아이의 감정을 탐색합니다. 특히 감정을 맛이나 날씨 등으로 표현하는 것은 보기를 주어서 말하게 하는 것과 같이 저학년을 비롯해 감정 표현에 서툰 아이에게 좋은 방법입니다.

모든 소통이 질문과 대답의 형식으로 이루어져서는 안 되겠지만, 소통의 처음은 질문과 답변의 형식에서 출발합니다. 어떻게 하면 아이의 호기심을 자극하고 자유롭게 생각할 수 있을지 고민해야 하는 이유는 아이의 뇌를 유연하게 만들어 주기 위함입니다.

　부모의 질문을 듣다 보면 자기도 몰랐던 마음을 알게 되고, 그 과정에서 다양한 정보를 결합하여 스스로 해결책도 찾아 나갈 것입니다. 스스로에게 질문을 던져 볼 수도 있게 되고요. 무엇보다 부모가 아이에게 질문을 하는 행위 자체가 이미 답은 아이의 마음에 있고 그것을 아이 스스로 찾을 수 있다는 믿음인 것입니다.

◎ **Check Point!**

1. 아이의 감정을 탐색할 때는 '네', '아니오'로 대답할 수 있는 닫힌 질문 말고 자유롭게 사고할 수 있는 열린 질문으로 질문해 주세요.
2. 열린 질문은 아이의 창의력, 상상력, 호기심 등을 키워 주며, 부모가 아이 스스로 답을 찾을 수 있다는 믿음의 표현입니다.

친구와 사이좋게
지내라는 말 대신

　많은 부모들이 아이가 등교할 때 친구와 싸우지 말고 사이좋게 지내라는 말을 하곤 합니다. 그리고 학교에서 돌아온 아이에게 친구랑 사이좋게 지냈느냐고 묻기도 하죠. 자녀가 친구들과 두루두루 친하게 지내고 친구들에게 사랑받고 사랑을 주면서 평화롭게 지내는 것은 모든 부모의 소망이지만, 이러한 질문이나 가르침 자체가 아이에게는 부담으로 작용할 수도 있습니다.

　사실, 부모도 모든 사람과 친하게 지내지 못합니다. 그것이 얼마나 힘든지 알고 있습니다. 그런데 그 어려운 일을 아이에게 해내라고 주문하는 것은 너무 지나친 과제를 주는 것이 아닐까요?

친구에게 다가가는 것이 어려운 아이도 있고, 경쟁심이 심해 상호 작용에 애를 먹는 아이들도 있습니다. 이런 아이들에겐 친구와 무리 없이 지내는 것 자체가 힘들고 어려울 것입니다. 혹시라도 친구와 친하게 지내지 못하고 싸우거나 문제를 일으켰을 때 징벌에 대한 두려움도 느끼게 될 것입니다. 그러한 요구가 벅차고 부담스러운 아이들은 급기야 친구와의 문제를 부모에게 숨기고 말겠지요.

학교는 그 자체만으로도 많은 아이에게 불안을 유발하는 곳입니다. 아이는 특히 반 친구나 선생님과의 불화를 불안해합니다. 감각은 열려 있고 감정 표현이나 처리는 서툴기 때문에 하나의 사건을 더 과장되고 과도하게 받아들이기도 하죠. 그런 아이에게 "친구랑 싸우는 건 나쁜 거야, 항상 친하게 지내."와 같은 메시지는 아이의 불안을 더 자극하고 강화할 수도 있습니다. 이러한 불안이 지나치면 아예 상호 작용을 포기하기도 합니다. 자신의 것을 무작정 양보하고 참는 아이가 되는 것은 어떤 부모도 원하지 않을 테고요.

관계의 핵심은 나의 존재감

인간은 공동체를 이루며 살 수밖에 없는 존재여서 다른 사람의 침략으로 감정에 흠집이 날 수밖에 없습니다. 그렇기 때문에 싸움은 일어날 수밖에 없는 자연스러운 현상이기도 합니다. 친구와 친하게 지내라는 말 대신 내가 다른 사람에게 어떤 의미를 갖는지를 느끼게 하는 것이 더 중요합니다. 살아남기 위한 생존력이 아니라 존재감을 발견하게 해 주는 것입니다.

내가 어떤 존재인지, 어떤 의미를 갖는 사람인지는 분명한 언어로써만 확인할 수 있습니다. 아이에게 "사랑해.", "넌 참 소중한 아이야.", "네가 있어서 엄마는 참 행복해.", "고마워." 등등의 말을 최대한 많이 해 주어야 합니다. 이는 부모의 사랑을 아이가 가장 쉽게 받아들일 수 있는 가장 일차원적이면서도 확실한 방법입니다. 당연하지만 당연한 것 이상의 의미이지요. 지속적인 애정의 표현이자 자신의 존재 의미가 가장 중요하다는 증거의 표현이니까요. 아이들에게 언어적 단서만큼 확실한 것은 없습니다.

이러한 말을 제대로 들어 본 적 없고 자신이 의미 있는 존재라는 느낌을 받지 못한 아이들은 관계에 집착하고 무리해서라도 다른 사람의 비언어적인 메시지를 찾아내려고 애쓰게 됩니다. 자꾸만 보이는 것으로만 마음을 해석하려고 하지요. 그래서 다른 친구가 조금만 자기를 불편하게 대해도 상처를 받고 울음을 터뜨립니다.

특히, 초등학생들은 언어의 형태를 띤 긍정적인 강화와 따뜻한 격려가 필요합니다. 소중한 말 한마디가 아이들에게 자신감을 갖게 하며, 자신감은 관계를 주도적으로 이끌어 가는 바탕이 되는 것이지요.

감정적으로 냉대를 받고 애정이 결핍된 아이들은 행동 장애를 일으키게 되고, 자신의 감정을 잘 표현하지 못하는 것은 사회적 부적응이라는 결과를 낳기도 합니다.

감정은 추상적인 상황에서는 결코 경험할 수 없습니다. 따라서 구체화되고 표현된 언어는 감정의 촉진제라 할 수 있습니다. 좋은 말로 아이와 나를 연결시킨다면, 아이도 좋은 말로 친구와 자신을, 세상과 자신을 연결할 수 있을 것입니다.

◎ Check Point!

1. 친구와 친하게 지내라는 말 대신 아이의 의미를 부각할 수 있는 "사랑해, 넌 참 소중해." 등등의 말을 자주 해 주세요.
2. 감정은 추상적인 상황이 아닌 구체화되고 표현된 언어로 경험할 수 있습니다.

체력은
행복으로 가는 지름길

"(2학년 아이에게) 피아노 재미있니?"

"아뇨, 재미 하나도 없어요."

"(옆에서 듣고 있던 유치원 아이가) 나는 재미있는데….''

"너도 내 나이 돼 봐라. 한 개도 재미없을 거야."

"(2학년 아이의 할머니가) 하도 해야 할 게 많아서 저래요. 토요일도 쉬지 못하고, 피아노 해야지, 피아노 수업 끝나면 또 수영 가야지. 별거 별거 할 게 정말 많아."

굳이 설명하지 않아도 우리나라 초등학생들은 해야 할 일이 어른들보다 더 많습니다. 학교생활만으로도 힘든데, 학교 외 과외 활동까지 해야 하지요. 다른 친구보다 잘해야 한다는 심리적 압박감도 심하고요. 엄마 아빠 사이의 불화까지 경험하게 되면 아이의 스트레스는 극에 달하고 맙니다.

만병의 근원, 스트레스

그런데 아이들은 대부분 자기가 받고 있는 스트레스가 스트레스인지조차 잘 인지하지 못합니다. 아이들은 스트레스를 단지 슬프거나 지쳤거나 화가 났거나 불안하다는 것 정도로 알 뿐이죠. 스트레스를 경험한다는 것 자체가 아이들에게는 낯선 것일 수 있고, 그러한 감정 자체를 어떻게 대해야 할지를 전혀 알지 못합니다. 그렇기 때문에 부모가 스트레스가 무엇인지 정의해 주어야 하고, 네가 받고 있는 것이 스트레스라고 알려 주어야 합니다.

물론 '그 정도는 당연하다, 그걸로 무슨 스트레스냐, 다른 친구들도 다 그러고 지낸다.' 하실 분은 없으시겠지요? 아이들이 초등학생 때 탈진하는 것을 막으려면, 아이들의 스트레스를 잘 관리해 주어야 합니다. 스트레스를 받게 하지 않으려고 무조건 놀린다는 부모도 있지만, 이렇게 되면 학업 능력이 저하되고 그로 인해 자기 효능감이 떨어지면서 자존감이 바닥나는 연쇄적인 과정이 일어나게 되니, 공부를 아예 안 시키는 것도 좋은 방법은 아닙니다.

만병의 특효약, 운동

가장 좋은 스트레스 관리 방법은 운동입니다. 세계 보건 기구(WHO)는 아이들에게 매일 최소 1시간 이상 운동을 할 것을 권장하고 있습니다. 그렇게 하지 않으면 아이들의 육체적·정신적 건강을 해친다는 것이지요. 엄마들은 보통 아이가 초등학교에 들어가기 전이나 저학년일 때는 태권도도 시키고 축구도 시키고 다양한 운동을 시킵니다. 그런데 아이가 고학년이 되면 공부를 해야 한다는 명목으로 제일 먼저 운동을 끊어 버리죠. 고학년이 되면 오히려 더 운동을 하면서 스트레스 관리를 해 주어야 하는데 말입니다.

운동을 하면 심폐활량이 좋아지고, 심폐활량이 좋은 사람은 우울증에 잘 걸리지 않는다는 연구 결과가 있습니다. 운동을 꾸준히 하면 자기 조절력이 강해진다는 연구 결과도 있고요. 앞서 자기 조절력이 강한 아이가 좋은 관계를 만들고 학습에서도 좋은 성과를 낸다는 설명을 했었지요. 스트레스도 날리고 공부도 잘하려면 자기 조절력이 필요하고, 이는 운동으로 기를 수 있으니 운동은 공부하는 아이에겐 필수인 셈이죠.

운동과 스트레스는 반비례의 관계입니다. 운동을 하지 않는 아이는 행동이 느려지고 스트레스 호르몬인 코르티솔 분비가 많습니다. 안 그래도 스트레스를 받는데, 스트레스 호르몬이 더 나온다고 생각하면 아이의 상태는 끔찍해지지 않을까요? 운동 자체가 휴식이 될 수도 있습니다. 자전거 타기, 수영, 달리기, 걷기, 댄스 등은 능동적 휴식이라고도 합니다. 아이들의 스트레스 관리에는 수면의 질과 양도 중요한데, 운동을 하면 숙면을 취할 수 있으니 일석이조라 할 수 있겠습니다.

건강한 마음은 건강한 신체에서

행동 관리 저널의 최근 연구에 따르면, 요가와 명상이 아이들의 스트레스와 불안을 관리하는 데 도움을 준다고 합니다. 많은 심리학자들은 행복은 마음이 아니라 몸에 있다고 주장하기도 합니다. 우리의 의지와 생각만으로 마음의 병을 치료할 수 없고 몸을 움직여야 치료된다며 운동을 처방하는 정신과 의사들도 많습니다.

아이들의 스트레스는 감정과 창의적 활동, 의지만으로는 해결할 수 없습니다. 그렇게 가르쳐서도 안 됩니다. 몸이 건강하면 행복감을 더 많이 느끼게 됩니다. 그리고 그렇게 건강한 방법으로 스트레스를 푸는 방법을 가르쳐야 다른 것에 중독되거나 애꿎은 사람에게 스트레스를 푸는 잘못된 행동을 막을 수 있습니다. '건강한 신체에 건강한 정신이 깃든다.'라는 명언이 오래된 진리일 수밖에 없는 이유이지요.

◎ ***Check Point!***

1. 아이의 스트레스를 관리하는 가장 좋은 방법은 '운동'입니다.
2. 운동은 심폐활량을 좋게 만들고, 심폐활량이 좋은 사람은 우울증에 걸릴 위험이 낮아집니다. 자기 조절력도 기를 수 있어 공부에도 도움이 됩니다.
3. 스트레스는 감정과 창의적 활동, 의지만으로는 해결할 수 없습니다. 몸을 쓸수록 행복감을 더 많이 느낄 수 있습니다.

서로의
정서 통장 채우기

중학교는 인생 대본이 형성되는 시기입니다. '인생 대본'이란 자신의 인생이 어떻게 흘러갈 것이라는 방향성과 태도 등을 보여 주는 것입니다. 내 인생이 희극인지, 비극인지를 쓰게 됩니다. 그렇다면 초등학교는 중학교 시기의 인생 대본의 밑바탕이 되는 중요한 시기라는 말이 됩니다. 이 6년 동안 자기 인식을 긍정적으로 하느냐 부정적으로 하느냐, 긍정심을 가질 수 있느냐 없느냐에 따라 중학교 때 아이가 쓰게 될 인생 대본은 달라질 테니까요.

긍정적 자기 인식과 긍정심은 부모의 메시지와 태도에 가장 많은 영향을 받습니다. 부모라는 안전지대가 있고 버팀목이 든든한 아이는 긍정심을 가지는 것은 물론, 역경이나 고난을 이겨 낼 수 있는 회복 탄력성까지 가질 수 있습니다.

긍정 정서의 가장 중요한 요소인 애착에 대해서는 뒷부분에서 설명할 예정이니, 여기에서는 긍정적 자기 인식과 긍정심을 키워 줄 수 있는 구체적인 방법들을 소개해 볼까 합니다. 부모와 함께 서로의 정서 통장을 채우는 구체적인 활동을 함께해 볼 것을 권합니다.

첫째, 서로의 장점을 30~50개 정도 써 보는 것입니다. 편지를 써서 주어도 좋고, 포스트잇 한 장 한 장에 써서 커다란 종이에 붙이고 벽에 걸어 놔도 좋습니다. 그리고 아이에게도 엄마, 아빠와 다른 가족의 장점도 써 달라고 하거나 말해 달라고 하세요. 가족 간의 긍정적 연대와 유대가 높아질 수 있습니다. 이렇게 서로의 장점을 쓸 때는 각자 써도 좋고, 하나하나 같이 생각하면서 함께 써 나가도 좋습니다. 같이 쓰게 되면 쓰면서 이야기도 할 수 있는 이점이 있지요.

엄마가 말해 주는 장점을 들으면서 아이는 자신이 몰랐던 모습도 알게 되지만, 엄마에게 인정받는다고 느끼게 될 것입니다. 아이가 엄마의 장점을 생각할 때는 엄마의 긍정적인 모습을 떠올리게 되어 관계를 개선하는 데도 도움이 될 테고요. 스스로 자신의 장점을 생각하게 해 보는 것도 좋습니다. 다른 사람의 인정도 중요하지만, 무엇보다 자기 자신의 인정이 더 중요하니까요.

장점뿐만 아니라 내가 가진 소중한 것들에 대해서 적어 본다거나 내가 좋아하는 것들을 떠올려 보는 등 주제는 다양하게 정하기 나름입니다. 이렇게 쓴 목록들은 아이가 매일 볼 수 있도록 책상 앞이나 거실에 붙여 주면 더 좋겠지요. 아이가 지치거나 부정적인 생각이 들 때 언제라도 볼 수 있도록 말입니다.

둘째, 항상 '포옹'하는 것을 추천합니다. 아이가 학교에 갈 때, 학교에서 돌아올 때, 잠잘 때 등 수시로 안아 주세요. 포옹은 아이의 기분을 더 나아지게 만듭니다. 무엇보다 포옹은 신체의 세로토닌 수치를 올리고, 근육을 이완시키고, 혈압을 낮추고, 신경적 긴장에 맞설 수 있게 해 줍니다. 아이가 화가 났을 때나 기분이 좋지 않을 때도 안아 주는 것이 많은 도움이 되겠지요.

포옹은 아이가 고등학생이 될 때까지 해 주시는 것이 좋습니다. 대학생이 되어서도 해 주면 물론 좋습니다. 아이가 어느새 나보다 커져서 다소 징그러워졌더라도, 아기여서 예뻤던 때를 떠올리며 안아 주어야 합니다. 심리학에서도 아이와의 지속적인 스킨십을 많이 권장합니다. 사랑한다는 최고의 표현이고 아이의 마음에 안정감을 주는 행위이니까요. 귀한 보물을 꼭 껴안을 때를 떠올리면 금방 이해할 수 있을 겁니다.

초등학교 때 이렇게 좋은 말을 통해 긍정적인 자아상을 가질 수 있게 해 주고 많이 안아 주면서 긍정적 정서를 갖게 해 준다면, 아이의 영혼은 결코 부서지지 않습니다. 우리의 마음뿐만 아니라 몸도 분명히 자신이 사랑받았음을 기억하고 있으니까요. 몸에 새겨진 감각은 생각보다 아주 강력하답니다.

◎ **Check Point!**

1. 초등학교 6년을 잘 보내야 중학교에 가서 긍정적인 인생 대본을 쓸 수 있습니다.
2. 아이의 장점, 아이가 가진 소중한 것들을 함께 써 보면서 긍정적 자아상을 갖게 해 주고, 많이 안아 줌으로써 긍정적 정서 또한 갖게 해 주세요.

가족 모두 함께 놀기

....

　초등학교 교사들은 성별이 한쪽으로 너무 치우쳐 있습니다. 학원에 가도 그렇습니다. 집에서도 엄마와 더 많은 시간을 보냅니다. 아이들은 상대적으로 한쪽 성별의 사람들과만 많은 시간을 보내게 됩니다. 아빠의 역할이 중요한 이유이지요.

　엄마와 아빠가 함께 있어야 아이들은 양쪽 성에 대해서 모두 배우게 됩니다. 그리고 무엇보다 가족 구성원은 개개인의 역할이 모두 중요하고, 이는 아이의 심리적 발달에도 매우 중요한 부분이기도 합니다. 아빠가 부재하거나 역할이 너무 미미하면 아이가 경계를 짓는 데 어려움을 겪을 수도 있습니다. 보통 아빠가 아이들에게 행동 가능한 역할의 한계를 설정해 주고 도덕심 등에 있어 모범을 보여야 아이들도 자신의 한계를 설정할 수 있습니다.

아빠와 하는 놀이는 아이들에게 긍정적인 영향을 미칩니다. 아빠와의 놀이를 통해 여자아이는 상대의 성에 대해 배우게 되고, 남자아이는 자기 성에 해당하는 역할을 배우게 됩니다. 아빠와 제대로 교류하지 않은 아이들의 경우, 여성을 더 우월한 존재로 받아들이는 경향을 보인다는 관찰 사례들도 많습니다. 따라서 가족 모두가 함께하는 놀이가 가장 이상적인 놀이인 것입니다.

과학으로 증명한 놀이의 힘

교육 심리학자인 레프 비고츠키(Lev Vygotsky)는 '놀이란 구성원 간의 협동이 핵심이 되는 사회 활동'이라고 말했습니다. 학교 공동체뿐만 아니라 가족 공동체도 놀이를 통해 협동을 배우게 되고, 이 구성원에 아빠를 빼야 할 이유가 없겠지요.

비고츠키가 말하는 놀이의 주요 기능은 역할과 의미의 공유를 배우는 것입니다. 이는 성인이 되었을 때의 사회 구성원의 핵심 역할을 배우는 것이지요. 그리고 놀이를 하면서 서로 얼굴을 마주하면 안와전두 피질이 상대방의 감정적 신호와 사회적 단서를 처리하여 상호 작용에 필요한 정보를 편도체에 넘깁니다. 이러한 과정을 통해 사회성의 뇌가 강화됩니다.

또 다른 교육 심리학자인 제롬 브루너(Jerome Bruner)는 "놀이는 인간의 미숙함과 관련이 있다."라고 말했습니다. 인간은 누구나 미숙함을 가지고 있고, 놀이는 다양한 행동을 만들어 낼 수 있게 하여 여러 상황에 유연하게 적응할 수 있도록 도와줍니다. 발달 심리학자 피아제(Jean Piaget)도 '놀이는 아이가 현실에 대해 배우고 특정한 방법으로 환경을 통제하고 적응하는 행동'이라 정의했습니다.

이처럼 놀이 자체를 중요한 활동으로 주장한 학자들이 많습니다. 유럽에서는 초등학생은 최대한 많이 놀게 하는 학교 시스템이 자리 잡고 있습니다. 일본의 한 초등학교에서는 체육 시간마다 5분씩 씨름을 하게 하고 말뚝박기, 줄다리기 등을 하게 했습니다. 그 결과 수업 시간에 집중력이 향상되었다고 합니다. 즐거운 놀이를 하면 뇌에서 집중력을 높이는 도파민이 분비되고, 이렇게 분비된 도파민은 불필요한 자극들을 걸러 내고 원하는 목표와 관련된 자극에만 몰입할 수 있게 하며 창의력 또한 높이는 역할을 합니다.

뿐만 아니라 몸을 움직이는 것은 인지와 학습 능력에 영향을 미치는 뇌신경 성장 인자를 활성화시킵니다. 가정에서도 아빠와 격렬하게 몸으로 놀게 되면 뇌신경 성장 인자가 더 많이 분비되는 것입니다. 놀이를 운동처럼 할 수 있으니 아빠와의 놀이가 주는 긍정적인 영향이 크다 할 수 있겠습니다.

다양한 놀이로 오감 자극하기

놀이는 말 그대로 사회 구성원의 역할을 배우고, 타인과의 상호 작용 능력을 키움과 동시에 주어진 환경에 어떻게 적응하는지를 몸소 배우는 과정입니다. 보드게임, 퍼즐 놀이, 도미노 놀이 등 가정에서 가족이 모두 함께할 수 있는 놀이들도 많습니다. 아이는 이러한 놀이로 문제 해결력, 집중력, 창의력, 협동심 등을 배울 수 있을 것입니다.

자연 체험, 여행도 훌륭한 놀이입니다. 뇌는 체험을 통해 활동합니다. 즉, 우리 뇌에 있는 신경 세포는 어떠한 자극이 있어야 활동하게 되는데, 놀이 자체가 뇌에 대한 좋은 자극제이자 다양한 재료들이 되는 셈이지요. 감정을 자극하는 활동을 통해 그와 관련한 신경 세포들의 퇴화와 소멸을 막을 수 있습니다.

무엇보다 놀이는 감정의 뇌, 변연계를 자극합니다. 즉, 놀이는 감정 조절에 긍정적 영향을 미칩니다. 놀이는 주로 동적인 활동과 정적인 이완의 연결로 이루어집니다. 실컷 놀다 보면 힘이 빠지고 휴식을 취해야 하지요. 이러한 역동과 억제의 과정을 통해 뇌가 점점 균형을 잡아 가게 됩니다.

아이의 생활에서 놀이가 없다면, 아이의 신체적·심리적 발달, 그리고 사회적 발달이 제대로 이루어질 수 없습니다. 놀이는 아이에게 권리인 것이지요. 다른 유럽의 여러 나라들처럼 우리 아이들도 놀이를 통해 학습을 더 재미있게 할 수 있게 되기를 빕니다. 우리가 현재 중요하게 생각하는 지적이고도 교육적인 것과 아이들의 놀이 시간을 맞바꾸는 함정에 빠진 채, 아이들이 주입식 교육의 희생양이 되지 않기를 빕니다.

◎ **Check Point!**

1. 놀이는 아이의 학습력, 창의력, 문제 해결력, 사회 적응력, 감정 조절력 등에 다양하게 영향을 미칩니다.
2. 특히 아빠와 함께 몸으로 격렬하게 놀이를 하면, 학습 능력에 영향을 미치는 뇌신경 성장 인자가 더 많이 분비됩니다.

애착은
최고의 선물

'애착'은 아이와 부모 사이의 결속을 뜻합니다. 애착은 생물학적으로는 아이의 생존을 위해 필요하고, 심리학적으로는 아이의 안전감을 위해 필요합니다. 안정된 애착의 기본 요건은 지속적인 안정감, 가까워지고자 하는 마음, 그리고 감정적 규제를 들 수 있습니다. 이를 통해 아이는 타인들과 결속할 수 있게 되고, 그렇지 못한 아이는 이후에 반사회적 행동을 하거나 다른 사람과 조율을 제대로 하지 못해 관계에 부정적 영향을 끼치게 됩니다.

애착은 아동의 전반적인 발달과 학습, 정서 및 사회성 등에 영향을 미칩니다. 안정된 애착을 경험한 사람은 자신만의 고유한 가치를 발건하고 자신이 괜찮은 사람이라고 생각하기 때문에 건강한 자존감을 갖게 됩니다. 인생을 소중하게 여길 줄 알고 어려움에 처해도 다시 일어날 수 있으며, 자기 비하에 빠지거나 자기 폭력적인 행동을 하지 않습니다. 이를 심리학에서는 '회복 탄력성'이라고 하지요. 그렇기 때문에 애착은 부모가 아이에게 줄 수 있는 최고의 선물인 것입니다.

의존과 애착 사이

초등학교에 들어간 아이가 걸핏하면 울었습니다. 엄마와 떨어지는 것을 몹시도 힘들어했습니다. 지우개 하나를 잃어버려도 패닉 상태에 빠지고, 엄마에게 수시로 전화하고, 엄마는 또 수시로 학교에 드나들었습니다. 이는 불안정 애착을 가진 아동의 주요 증상입니다. 혼자 있는 것을 극도로 힘들어하고, 집과 엄마와 떨어지거나 떨어지는 것을 생각만 해도 극도로 고통스러워합니다. 부모를 잃어버릴까 봐, 엄마가 다칠까 봐 계속 걱정하기도 하고, 악몽을 꾸기도 합니다.

위 사례의 엄마는 아이가 원하는 대로 다 해 준 것 같은데도 아이가 도대체 왜 그런지를 모르겠다고 했습니다. 엄마는 평소에 아이가 무엇을 원한다고 말하지 않아도 아이 앞에 모든 것을 갖다 주었습니다. 엄마는 아이가 부족하다고 말할 때는 이미 늦은 거라 생각했기에 아이가 필요로 하기도 전에 필요를 채워 주었고, 아이가 부족해하기도 전에 무엇이든 충족시키기 위해 노력했습니다. 그것이 아이를 사랑하는 거라고 믿었습니다. 이것이 건강한 애착 관계였을까요?

　애착은 부모와의 안정된 관계를 바탕으로 다른 사람과도 건강한 관계를 맺는 능력이어야 합니다. 그런데 아이는 부모에게 완전히 의지한 채 전혀 학교생활을 못 하고 있습니다. 엄마가 여태까지 아이를 대한 방식은 아이를 의존적으로 만드는 것이지, 건강하고 독립된 인격체로 여기는 것이 아니었습니다.

　애착을 의존과 동일시하는 사람들이 있는데, 이는 명백히 다른 것이지요. 만약 연인 사이에서 한 사람이 다른 사람에게 완전히 의존하고 있다면 결코 건강한 애정의 관계가 아닐 것입니다. 또한 애착과 의무는 다릅니다. 무엇을 해 주고 필요를 채워 주는 이 모든 것들은 그저 엄마로서의 의무에 대해서만 끊임없이 생각한 것이 아니겠습니까? 그 과정에서 아이가 자신의 호오나 의견을 말할 기회는 과연 있었을까요?

존중이 빠진 사랑은 거짓이다

　아이와 건강한 애착을 형성하고 유지하기 위해서는 사랑과 존중이

기본이 되어야 합니다. 우리나라 부모들은 아이를 사랑하기 위해서는 최선을 다하지만, 존중에 대해서는 개념 자체가 없는 경우가 많습니다.

정신없이 바쁜 부모는 자신이 해야 할 의무에 대해 생각하느라 아이의 말을 공감 없이 듣는 경향이 있습니다. 공감이 결여된 반응은 정서적 결핍으로 이어집니다. 충고하고, 틀렸다고 교정하고, 묻기에 바쁘고, 때로는 회피하는 대화들은 공감과는 너무 거리가 멀지요.

공감하기 위해서는 아이와 눈을 맞추어야 합니다. 이것이 필요할 거라 지레짐작하고 아무것도 필요하지 않은 상황을 만들어 주는 것이 아니라, 무엇이 필요하고 무엇을 원하는지 의사를 물어보는 것입니다. 이것이 존중의 기본입니다.

아이에게 가정은 세계다

우리는 아이와 같이 있는 시간의 양보다 질이 더 중요하다는 것을 이미 알고 있습니다. 옆에서 하나부터 열까지 챙기는 것도, 냉담한 것도 너무 극단에 있지요. 독립성을 인정하면서 상호 작용적인 것이 가장 이상적입니다.

부모의 일관적인 태도도 중요합니다. 어제는 이렇게 했는데 혼을 안 내더니, 오늘은 똑같이 했는데도 불같이 화를 낸다면 아이는 불안해집니다. 일관된 주제로 혼내고 칭찬을 해 주는 것이 좋습니다.

아이는 가정 안에서 삽니다. 무엇보다 가정 안에서 구성원들끼리 사이가 얼마나 안정적이냐가 아이의 안전감을 좌우하겠지요. 가정 환경의 핵심은 부모입니다.

6개월 아기도 부모가 싸우면 스트레스 호르몬인 코르티솔이 분비된다고 합니다. 부모가 싸우는 것만 봐도 아이의 몸에는 코르티솔이 분비되고 이는 6~8시간까지 몸에 잔류합니다. 만약 밤낮으로 엄마 아빠가 싸운다면 아이의 몸엔 계속해서 코르티솔이 머물게 되고 아이에게 세상은 이미 위험한 곳이라는 인식이 자리 잡게 됩니다. 뿐만 아니라 해마에 부정적 기억이 쌓이면서 뇌 또한 변형이 되고, 이는 어른이 되어서도 영향을 받게 됩니다.

장벽이 될 것인가, 자원이 될 것인가

어린 시절은 그야말로 중요한 삶의 첫 단계입니다. 부모를 떠나 학교에 가고, 교사에게 꾸지람을 듣고, 쉬는 시간에는 친구와 싸우고, 혼자 학교에 가고, 혼자 자는 걸 배웁니다. 아이에게 적용될 자원이 많으면 많을수록 아이는 적응적 생활을 하게 되고 스트레스를 홀로 해결하는 성숙도를 갖게 될 것입니다. 부모는 아이의 역경과 스트레스의 충격을 1차적으로 흡수하는 역할을 해 주어야 합니다. 이 역할을 잘 하느냐 못 하느냐에 따라 부모는 아이가 가진 자원이 될 수도 있고, 반대로 장벽이 될 수도 있습니다.

◎ **Check Point!**

1. '애착'은 부모와 아이가 갖는 유대감으로, 부모가 줄 수 있는 최고의 선물입니다.
2. 함께 있는 시간의 양보다 질이 중요하고, 진심 어린 공감, 아이를 독립된 인격체로 대하는 태도가 중요합니다.
3. 부부의 행복과 건강한 관계가 아이의 안전감을 좌우합니다.

에필로그

부모가 물려줘야 할
단 하나의 유산

 부모의 부가 아이에게 대물림되듯이, 부모의 정서도 아이에게 대물림됩니다. 오히려 정서가 아이의 인생에 더 큰 영향을 미친다고 해도 과언이 아니죠. 정서적으로 미성숙한 부모가 아이에게 미치는 부정적인 영향은 열 손가락으로도 다 꼽을 수 없을 만큼 많습니다.

 정서적으로 미성숙한 부모는 어린 시절을 일찍 끝내 버린 경우가 많습니다. 돌봐야 하는 동생이 많아서, 세상의 고난을 일찍이 알아 버려서, 부모가 정서적으로 방임해서, 부모 대신 가정의 생계를 책임져야 해서 등등 많은 이유로 일찍 철든 어른 말입니다. 아이러니하게도 일찍 철든다고 성숙해지지 않으며, 이는 오히려 정서적 미숙함을 부릅니다.

만약 내가 지금 과도하게 육아 스트레스를 받고 있다면, 내가 받지 못한 것을 아이에게 주려니 자꾸만 억울해진다면, 어린 시절의 나는 이렇게 어리광을 부리지 않았는데 내 아이는 왜 나와 같지 못할까 의구심이 든다면, 내가 너무 빨리 어른이 되었던 것은 아닌지, 어른스러워지기 위해 자신을 다그치진 않았는지, 부모님이 감정적으로 자신을 수용해 준 적이 없었던 것은 아닌지 한 번쯤 생각해 보시기 바랍니다.

감정적으로 미성숙한 부모는 아이를 제대로 돌볼 힘이 부족하고 아이의 감정을 제대로 발현시킬 능력이 없습니다. 불규칙하고 변덕스러운 감정의 변화 때문에 아이에게 정서적 안정감을 줄 수 없는 것이죠. 이러한 부모 밑에서 아이는 자신의 감정을 알아서 처리해야 하고, 감정적으로 외로움을 갖게 되고, 분노가 잠재되고, 비이성적인 생각, 죄책감, 건강하지 못한 관계 맺기, 불안과 과도한 욕구 불만 등이 매우 복잡하게 얽힌 심리적인 문제를 겪게 됩니다.

이러한 정서적 결핍을 대물림하지 않기 위해서라도 부모는 최대한 자신의 상처를 치유하고 극복하는 데 온 마음을 써야 합니다. 자신이 감정적인 사람이 아니라 지극히 이성적인 사람이라고 생각하는 부모일수록 잃어버린 감정을 찾기 위한 여정을 지금 당장 시작해야 합니다. 세상이 만들어 놓은 당위적인 메시지로 나는 이러한 사람이 되어야 한다는 신념을 내면화한 사람, 엄마 대신 설거지를 하고 동생을 챙겨야 했던 사람, 중요한 결정을 줄곧 스스로 내려야 했던 사람은 지금 최선을 다해 잃어버린 어린 시절을 되찾아야만 합니다.

보통의 경우, 감정적인 사람이 문제를 일으키는 경우가 많다고 생각하지만 실상은 그와 정반대입니다. 지극히 이성적인 사람은 이성적인 사람이 되기까지 감정을 억압하고 제대로 표현하지 못한 채 어른이 되었을 가능성이 크고, 이러한 사람은 남들의 감정을 쉽게 무시하고 우습게 여기며 그들의 감정 에너지를 빨아들여 소비하기도 합니다. 우리 내면에서 불거지는 모든 문제는 감정 자체 때문이 아니라, 감정을 표현해야 할 때 제대로 꺼내 놓지 못할 때 발생하는 것입니다.

감정을 돌보기에 너무 늦은 때란 없어요. 아이와 함께 감정 공부를 하면서 부모 자신의 감정을 가장 먼저 돌아보고 인정하고 이해해야 합니다. 과거의 성장 과정과 경험에서 부정적인 영향을 받아 왔음을 인지하는 것이 최우선입니다. 그리고 그렇게 된 것에 대해 나 자신에게 책임을 묻지 않습니다. 우리에게는 어떻게 하면 나의 감정을 제대로 표현하는지, 어떻게 감정을 조율하면 좋은지 알려 준 사람이 없었을 뿐입니다. 부모에게도 감정을 다시 배울 시간이 필요하며, 다시 배우는 것이 가능합니다.

　지금까지 책에서 설명한 내용들은 사실 아이보다 부모가 먼저 해 봐야 할 것들입니다. 부부가 서로에게 적용해 볼 것들입니다. 아이를 보면서 불편했던 감정들, 배우자를 보면서 울화가 치밀었던 순간들이 실은 내 안에 풀리지 않은 감정들 때문이었다는 것을 인지하는 순간, 관계의 긴장을 완화할 수 있습니다. 지금 있는 그 자리에서 자신의 감정을 먼저 받아들이기를 바랍니다. 그렇게 부모가 스스로 회복된다면 아이는 그런 부모를 통해 자연스레 배우게 될 것입니다.

　아이는 아이로서 최대한의 감정적 애정과 관심을 받고 아이로서 누릴 수 있는 안전감을 누려야 정서적으로 건강한 사람으로 자랄 수 있습니다. 감정을 마음껏 표현하게 하고 수용하는 것은 그 자체로 고귀한 존중을 보여 주는 태도이며, 아이에게는 기쁨의 원천이 됩니다. 그러한 존중은 바로 부모가 자신의 고유한 의미를 깨닫고 자신의 심리적 변화를 이끌어 낼 때 비로소 시작될 수 있습니다.

아이의 자존감부터 엄마의 불안감까지
초등 감정 수업

ⓒ 조우관 2020

1판 1쇄 2020년 5월 25일
1판 3쇄 2020년 6월 24일

지은이 조우관
펴낸이 유경민 노종한
기획마케팅 1팀 우현권 **2팀** 정세림 금슬기 최지원 현나래
기획편집 1팀 이현정 임지연 **2팀** 김형욱 박익비 **라이프팀** 박지혜
디자인 남다희 홍진기
교정교열 김태희
펴낸곳 유노라이프
등록번호 제2019-000256호
주소 서울시 마포구 월드컵로20길 5, 4층
전화 02-323-7763 **팩스** 02-323-7764 **이메일** uknowbooks@naver.com

ISBN 979-11-969975-2-6 (13590)

- ─ 책값은 책 뒤표지에 있습니다.
- ─ 잘못된 책은 구입하신 곳에서 환불 또는 교환하실 수 있습니다.
- ─ 유노라이프는 유노북스의 자녀교육, 실용 도서를 출판하는 브랜드입니다.
- ─ 이 도서의 국립중앙도서관 출판예정도서목록(CIP2020018845)은 서지정보유통지원시스템 홈페이지(http://seoji.nl.go.kr)와 국가자료공동목록시스템(http://www.nl.go.kr/kolisnet)에서 이용하실 수 있습니다.